Dimensões funcionais
da gestão de pessoas

Central de Qualidade — FGV Management
ouvidoria@fgv.br

FGV Management
PUBLICAÇÕES

SÉRIE GESTÃO EMPRESARIAL

Dimensões funcionais
da gestão de pessoas

9ª edição revista e ampliada

Sandra Regina da Rocha-Pinto
Cláudio de Souza Pereira
Maria Teresa Correia Coutinho
Sílvio Luiz Joahann

FGV management

FGV EDITORA

ISBN — 978-85-225-0632-3

Copyright © 2007 Sandra Regina da Rocha-Pinto, Cláudio de Souza Pereira, Maria Teresa Correia Coutinho, Sílvio Luiz Johann

Direitos desta edição reservados à
EDITORA FGV
Rua Jornalista Orlando Dantas, 37
22231-010 — Rio de Janeiro, RJ — Brasil
Tels.: 0800-021-7777 — 21-3799-4427
Fax: 21-3799-4430
e-mail: editora@fgv.br — pedidoseditora@fgv.br
web site: www.fgv.br/editora

Impresso no Brasil / *Printed in Brazil*

Todos os direitos reservados. A reprodução não autorizada desta publicação, no todo ou em parte, constitui violação do copyright (Lei nº 9.610/98).

Os conceitos emitidos neste livro são de inteira responsabilidade dos autores.

1ª edição, 2003. 2ª edição revista e atualizada, 2003. 3ª edição, 2004. 4ª, 5ª e 6ª edições, 2005. 7ª e 8ª edições, 2006. Reimpressão, 2007. 9ª edição revista e ampliada, 2007. 1ª e 2ª e 3ª reimpressões, 2008. 4ª, 5ª e 6ª reimpressões, 2009. 7ª, 8ª e 9ª reimpressões, 2010.10ª reimpressão, 2011; 11ª, 12ª, 13ª e 14ª reimpressões, 2012; 15ª, 16ª e 17ª reimpressões, 2013.

Preparação de originais: Maria Izabel Penna Buarque de Almeida e Mariflor Rocha
Editoração eletrônica: FA Editoração Eletrônica
Revisão: Fatima Caroni e Mauro Pinto de Faria
Capa: aspecto:design
Ilustração de capa: Mario Guilherme V. Leite

    Rocha-Pinto, Sandra Regina da
        Dimensões funcionais da gestão de pessoas / Sandra Regina da Rocha-Pinto, Cláudio de Souza Pereira, Maria Teresa Correia Coutinho, Sílvio Luiz Johann. — 9. ed. rev. ampl. — Rio de Janeiro : Editora FGV, 2007.

        148 p. — (Gestão empresarial (FGV Management))

        Abaixo do título: Publicações FGV Management
        Inclui bibliografia.

        1. Recursos humanos. 2. Aprendizagem organizacional. 3. Cultura organizacional. I. Pereira, Cláudio de Souza. II. Coutinho, Maria Teresa Correia. III. Johann, Sílvio Luiz. IV. Título. V. Série.

                                          CDD-658.3

*Aos nossos alunos e aos nossos colegas docentes,
que nos levam a pensar e repensar nossas práticas.*

Sumário

Apresentação 9

Introdução 13

1 | Contextualização da gestão de pessoas 15
    Mudanças no mundo do trabalho 17
    As novas relações de trabalho 19
    Modelos de gestão 22
    Os desafios para a área de gestão de pessoas 33

2 | Gestão de competências 37
    O que é competência 38
    Competências cognitivas e desenvolvimento de competências profissionais 43
    Competências organizacionais 45
    Competências funcionais 55

3 | **Gerenciamento de talentos** 61
 Captação e seleção de talentos 62
 Sistemas de reconhecimento e remuneração 71
 Avaliação de desempenho 79
 Certificação de competências 90

4 | **Aprendizagem e cultura organizacional** 93
 Gestão do conhecimento 93
 Treinamento e desenvolvimento 102
 Educação corporativa 106
 Cultura organizacional 118

Conclusão 127

Bibliografia 129

Anexo — Nissan: um caso para estudo 137

Os autores 145

Apresentação

Este livro compõe as Publicações FGV Management, programa de educação continuada da Fundação Getulio Vargas (FGV). Instituição de direito privado com mais de meio século de existência, a FGV vem gerando conhecimento por meio da pesquisa, transmitindo informações e formando habilidades por meio da educação, prestando assistência técnica às organizações e contribuindo para um Brasil sustentável e competitivo no cenário internacional.

A estrutura acadêmica da FGV é composta por oito escolas e institutos: a Escola Brasileira de Administração Pública e de Empresas (Ebape), dirigida pelo professor Bianor Scelza Cavalcanti; a Escola de Administração de Empresas de São Paulo (Eaesp), dirigida pelo professor Francisco Mazzucca; a Escola de Pós-Graduação em Economia (EPGE), dirigida pelo professor Renato Fragelli; o Centro de Pesquisa e Documentação de História Contemporânea do Brasil (Cpdoc), dirigido pelo professor Celso Castro; a Escola de Direito de São Paulo (Direito GV), dirigida pelo professor Ary Oswaldo Mattos Filho; a Escola de Direito do Rio de Janeiro (Direito Rio), dirigida pelo professor Joaquim Falcão; a Escola de Economia de São Paulo (Eesp), dirigida pelo professor Yoshiaki Nakano; o Instituto Brasileiro de Economia (Ibre), dirigido pelo professor Luiz Guilherme Schymura de Oliveira. São diversas unidades com a marca FGV, trabalhando com a mesma filosofia: gerar e disseminar o conhecimento pelo país.

Dentro de suas áreas específicas de conhecimento, cada escola é responsável pela criação e elaboração dos cursos oferecidos pelo Instituto de Desenvolvimento Educacional (IDE), criado em 2003 com o objetivo de coordenar e gerenciar uma rede de distribuição única para os produtos e serviços educacionais da FGV, por meio de suas escolas. Dirigido pelo professor Clovis de Faro, o IDE engloba o programa FGV Management e sua rede conveniada, distribuída em todo o país (ver www.fgv.br/fgvmanagement), o programa de ensino a distância FGV Online (ver www.fgv.br/fgvonline), a Central de Qualidade e Inteligência de Negócios, o Programa de Cursos Corporativos e uma Direção Acadêmica. Por meio de seus programas, o IDE desenvolve soluções em educação presencial e a distância e em treinamento corporativo customizado, prestando apoio efetivo à rede FGV, de acordo com os padrões de excelência da instituição.

Este livro representa mais um esforço da FGV em socializar seu aprendizado e suas conquistas. Ele é escrito por professores do FGV Management, profissionais de reconhecida competência acadêmica e prática, o que torna possível atender às demandas do mercado, tendo como suporte sólida fundamentação teórica.

A FGV espera, com mais essa iniciativa, oferecer a estudantes, gestores, técnicos — a todos, enfim, que têm internalizado o conceito de educação continuada, tão relevante nesta era do conhecimento — insumos que, agregados às suas práticas, possam contribuir para sua especialização, atualização e aperfeiçoamento.

Clovis de Faro
Diretor do Instituto de Desenvolvimento Educacional

Ricardo Spinelli de Carvalho
Diretor Executivo do FGV Management

Sylvia Constant Vergara
Coordenadora das Publicações FGV Management

Introdução

Nos últimos anos, no ambiente organizacional brasileiro observam-se privatizações, um acelerado aumento do número de aquisições de empresas nacionais, fusões, incorporações e a criação de *joint ventures*. Nesse contexto, empresas atuantes no Brasil têm-se defrontado com novos concorrentes internacionais, com o aumento do poder de negociação de fornecedores, clientes, consumidores e grupos reguladores e com o rápido desenvolvimento tecnológico.

Na esteira da globalização intensificaram-se, entre outros fatores, o uso maciço do capital estrangeiro, o desenvolvimento e o emprego crescente de tecnologias de informação e comunicação, o incremento da automação industrial e de serviços e o convívio com diversas culturas. Esse contexto vem impondo a revisão de estruturas e práticas organizacionais.

Deve-se reconhecer que, a partir da década de 1990, as organizações brasileiras deram um salto qualitativo, mediante a implementação de sistemas de qualidade com vistas a certificações internacionais — tipo série ISO —, à racionalização de custos e à inovação tecnológica, entre outras ações correlatas. Não obstante, ainda se percebe uma atemorizante lacuna entre a efetividade operacional e as estratégias de algumas organizações com o chamado *pulsar do mercado*.

Na revisão de práticas organizacionais cresce a certeza de que a gestão de pessoas é uma atividade estratégica, uma vez que são as pessoas as geradoras de conhecimentos e inovações em processos, produtos e serviços.

A partir de uma abordagem estratégica, este livro objetiva apresentar e analisar as dimensões funcionais da gestão de pessoas em um ambiente de mudanças. Para tanto, está estruturado da seguinte forma:

- o capítulo 1, "Contextualização da gestão de pessoas", analisa as transformações no mundo do trabalho e as relações trabalhistas, bem como as novas formas de organização do trabalho;
- o capítulo 2, "Gestão de competências", apresenta os conceitos de competência, assim como sua relevância e aplicação na execução da estratégia empresarial;
- o capítulo 3, "Gerenciamento de talentos", aborda aspectos relativos à captação e seleção, aos sistemas de reconhecimento e recompensa, à avaliação de desempenho e à certificação de competências;
- o capítulo 4, "Aprendizagem e cultura organizacional", analisa questões relativas à aprendizagem organizacional a partir da perspectiva de treinamento e desenvolvimento (T&D), da educação continuada e da universidade corporativa. Apresenta conceitos de cultura, sua inserção no contexto da gestão de negócios e os novos desafios no gerenciamento da cultura organizacional;
- o anexo "Nissan: um caso para estudo", integra os diversos conceitos relativos às dimensões funcionais da gestão de pessoas.

Ao término do livro espera-se que o leitor tenha uma visão global e sistêmica do papel estratégico do gerenciamento de pessoas, assim como elementos que lhe permita posicionar-se criticamente diante das práticas vigentes.

1
Contextualização da gestão de pessoas

Perguntado, em certa oportunidade, sobre o que realmente havia possibilitado a vitória norte-americana na II Grande Guerra, o então presidente Franklin Delano Roosevelt respondeu que, além da fibra e do patriotismo de seu povo, o fator decisivo havia sido a existência de grandes corporações fabris, que utilizavam os preceitos do taylorismo e do fordismo. De fato, as facilidades proporcionadas pela Revolução Industrial — as máquinas —, conjugadas com a análise de tempos e movimentos e a padronização de processos e operações, de Frederick Winslow Taylor, e aliadas à produção em série idealizada e implementada originalmente por Henry Ford, permitiram que grandes empresas, que antes da guerra produziam vassouras, automóveis e geladeiras, ajustassem suas linhas de montagem e passassem a fabricar imensas quantidades de rifles, carros de combate e artefatos bélicos em geral. A importância das organizações era tamanha que o governo chegou a nomear um civil, presidente da General Motors na época, para coordenar os esforços de produção de todas as grandes companhias.

No Brasil, a era das organizações começa a tomar forma a partir da implantação da siderurgia, no governo Getúlio Vargas, quando os EUA financiaram, em 1942, a construção da usina de Volta Redonda, que passou a operar como uma empresa estatal: a Companhia Siderúrgica Nacional. Esse processo de formação — ou atração — de grandes empresas foi intensificado na gestão do presidente Juscelino Kubitschek, que, de acordo com Singer (Sachs et al., 2001:107), impôs índices obrigatórios de nacionalização na fabricação de veículos e soube empreender a "tarefa hercúlea de dobrar a espinha de algumas das maiores empresas do mundo, forçando-as a fazer o que não queriam, ou seja, implantar a fabricação de caminhões e automóveis no Brasil". Com um início relativamente tímido, o programa de industrialização do setor automobilístico prosperou e, após 10 anos de seu início, as multinacionais convenceram-se de que o plano brasileiro era viável e, além do mais, lucrativo. Em decorrência, lançaram-se com maior ênfase à recuperação do tempo perdido.

A segunda metade do século XX mostrou-se pródiga em termos de atração de capitais internacionais e formação de grandes empresas, que passaram a atuar em diversos segmentos econômico-empresariais. Ao mesmo tempo, o Estado criou e fortaleceu grandes organizações sob sua tutela.

Nesse contexto brasileiro e mundial, o taylorismo e o fordismo alinharam-se à organização burocrática e também forneceram, de certa maneira, os preceitos das organizações de trabalho autocráticas, nas quais um punhado de "iluminados" — componentes da alta administração — planeja e decide o destino de muitos. Em contrapartida, essas organizações ofereciam uma determinada segurança e, em certos casos, a sensação de que a carreira era a própria vida da pessoa, e o sentimento de que o emprego era vitalício.

Embora o taylorismo e o fordismo continuem empregados, as intensas mudanças verificadas no macroambiente organizacional e a necessidade crescente de maiores níveis de competitividade têm levado muitas empresas a rever o modelo absolutista e autocrático e a repensar seu gerenciamento de pessoas. Assim, convidamos o leitor a analisar, a seguir, algumas das principais transformações ocorridas no mundo do trabalho corporativo e seus impactos e desafios em relação às responsabilidades de gestão de pessoas, a qual, de um nível historicamente operacional, incorpora agora a dimensão estratégica.

Mudanças no mundo do trabalho

No conjunto de transformações ocorridas, principalmente no final do século XX, as mudanças políticas, tecnológicas, econômicas e sociais contribuíram para subverter os modelos de gestão autocráticos, ensejando formas de gerenciamento e de estruturação organizacional mais participativas, integradas, grupais, descentralizadas, autônomas, envolventes e flexíveis (Machado, 1994) que propiciaram, além das inovações produtivas, o surgimento dos trabalhadores do conhecimento (Drucker, 1995a, 1995b).

A distinção entre as empresas tradicionais e as novas organizações são as respostas que estas têm oferecido às pressões das mudanças no macroambiente organizacional. Essas respostas revelam a tentativa da mudança de escopo: do saber *como* fazer para o saber *por que* fazer. Nesse processo, a formação profissional passou do simples adestramento — treinamento para operação — para o desenvolvimento sistemático de habilidades reunidas sob o nome genérico de "competências". De tal mudança decorre hoje o grande desafio para a então área de treinamento e desenvolvimento: criar as condições para que o aprendizado contínuo seja estimulado diante da alteração do escopo da qualificação profissional (Hirata, 1994; Machado, 1994).

A intensa ação da concorrência, na opinião de Machado (1994), impõe um novo modelo de gestão do processo produtivo: orientado tanto por uma sistemática racionalização de custos quanto pela busca de maior produtividade. Esse modelo requer a aplicação de um profissional multiqualificado, capaz de atuar cognitivamente, em contraste com o trabalhador fordista, que tinha como uma de suas características principais a especialização. De tal profissional espera-se uma formação que privilegie o raciocínio lógico, a abstração, o aprender a aprender, além do aprender a fazer (Drucker, 1995a, 1995b; Harvey, 1995; Hirata 1994; Machado, 1994). Como o leitor já deve ter percebido, hoje o profissional precisa ser polivalente.

A demanda por profissionais polivalentes levou as organizações à adoção do modelo de equipes de trabalho, a fim de viabilizar a integração de profissionais de várias áreas, direcionando-os a objetivos organizacionais (Assis, 1994). Essas equipes podem ser inter, multi ou transdisciplinares, dependendo de sua finalidade, e, geralmente, têm como traço comum a temporalidade. Além do mais, tanto o conhecimento quanto a criatividade de um conjunto de profissionais responsáveis e criativos constituem uma contribuição bem-vinda na busca da eficiência, da qualidade e da inovação (Carvalho, 1994). A esse respeito, Machado (1994) destaca que no trabalho em equipe a semi-autonomia é regulada tanto pelo "tempo informático" quanto pelos laços de responsabilidade e motivação dos trabalhadores com a empresa. No que se refere à qualificação, a autora ressalta que o êxito, bem como a absorção de conhecimento de uma equipe, pode não se transmutar em conhecimento para outras equipes, ou mesmo para todos os indivíduos que as compõem. Destaca-se, assim, o papel do líder como catalisador e disseminador do conhecimento acumulado, viabilizando a transformação do conhecimento tácito em explícito e vice-versa, numa contínua espiral do conhecimento (Nonaka e Takeuchi, 1997).

As novas relações de trabalho

Inegavelmente, a sociedade atual, caracterizada pela multiplicidade e variedade de organizações, elegeu o trabalho como o espaço de atuação e afirmação do indivíduo. Em decorrência, é no mundo do trabalho onde se configura a arena de concretização das habilidades individuais que, transformadas em produtos e serviços, afetam a sociedade de uma forma geral, tornando o trabalho uma "prerrogativa humana" (Saviani, 1994:165).

Dessa forma, há que se concordar que o momento atual impõe uma revisão nos pressupostos da formação do indivíduo. Em tal processo, incluir-se-iam tanto as discussões a respeito da formação de competências necessárias às organizações, quanto a reflexão do papel do indivíduo em relação ao aprendizado e à capacidade de assumir responsabilidade pela própria existência na condição de ser humano e de cidadão.

Pode-se imaginar de que forma os efeitos das mudanças na organização do trabalho corporativo, bem como os da aceleração das inovações tecnológicas sobre o mundo do trabalho, têm gerado polêmica entre os estudiosos do assunto. Pois é o que de fato está ocorrendo: enquanto para alguns a resultante desse processo é a diminuição de postos de trabalho, assim como a desqualificação do trabalhador, para outros — a despeito de não negarem a retração do mercado de trabalho —, existe a possibilidade de um aumento da qualificação média dos indivíduos. Apostam na possibilidade de algumas categorias terem seus horizontes profissionais ampliados. Existem, também, os que enxergam no novo cenário uma janela de oportunidade, na medida em que as pessoas poderão buscar formas alternativas de subsistência, não vinculadas a um emprego formal. Como lembra Harvey (1995), nos países em que se logrou educar a população, o conflito em torno da força produtiva desloca-se de trabalhadores qualificados *versus* trabalhadores não-qualificados — uma realidade dos países não-desenvolvidos — para o foco em trabalhador periférico *versus* trabalhador central. Estes últimos são celebrados pelas organizações e incentivados a manter um relacionamento de longo prazo, amparados pela educação continuada. Em contrapartida, aos demais resta o emprego precário, subcontratado, vinculado a tarefas que exijam menos qualificação, sujeitas à fácil reposição operacional. Segundo Harvey (1995), o "trabalhador periférico", contratado de acordo com o interesse da organização, não estabelece um vínculo trabalhista direto. O autor enumera duas categorias para esse tipo de trabalhador:

❏ autônomos — profissionais altamente qualificados, com poder de barganha ao negociar os termos de seu contrato de prestação de serviços (remuneração, duração, carga horária e outros fatores);
❏ trabalhadores que não conseguiram se integrar ao mercado de trabalho — sem possibilidade de negociar seu contrato de trabalho, encontram-se subordinados às regras do mercado, em períodos de desemprego estrutural e enfraquecimento dos sindicatos.

O que se tem observado, também, é o seguinte fenômeno: as organizações, em sua dinâmica de descentralização da produção e de busca de vantagens, deslocam estrategicamente suas operações produtivas em direção às regiões ou aos países em que as conquistas trabalhistas e a legislação ambiental, entre outros fatores, sejam mais flexíveis do que em seu país de origem. No entanto, as barreiras ao ingresso no mercado de trabalho nunca estiveram tão fortes. Os países centrais, preocupados em controlar o desemprego interno, buscam proteger o mercado de trabalho nativo nas áreas onde existem tanto o interesse quanto a possibilidade de competir. Nesse contexto, o indivíduo submete-se a formas e contratos de trabalho que, muitas vezes, são incompatíveis com suas aspirações. Sabe-se que alguns países chegam a rever sua legislação trabalhista, a fim de produzir condições para a atração de investimento e para a instalação de indústrias e serviços, em detrimento das conquistas trabalhistas (Harvey, 1995).

O contexto atual revela, também, que a flexibilização possibilitou o surgimento de novas formas de trabalho. O emprego de meio período floresceu e deu origem a novas relações de trabalho, algumas das quais modificam os vínculos existentes, como as cooperativas de trabalho e terceirizações. Contudo, existe o alerta: a sistemática terceirização da força de trabalho, além de suprimir os benefícios diretos e indiretos oferecidos pelas organizações, evidencia, para o indivíduo, a sua descartabilidade (Harvey, 1995). Adicionalmente, o mercado de trabalho expõe uma realidade que contempla o desemprego estrutural, a falta de expectativa de ascensão vertical e a intensificação do trabalho para aqueles que atualmente se encontram empregados.

Além disso, as organizações passaram a personalizar as contratações em função do coeficiente emocional, da capacidade de interagir em grupo e da habilidade de o indivíduo se comunicar, entre outros fatores. Como talvez o leitor possa estar observando no seu dia-a-dia, o ideal para as empresas é o funcionário polivalente e autônomo. No entanto, cabe uma consideração a respeito de autonomia. Existem registros de que, quando convidados a definir o perfil ideal de um profissional autônomo, os empresários parecem não estar preparados para formular a resposta. Procede, então, a existência da seguinte dúvida: os empresários estariam realmente dispostos a lidar com um profissional que, atuando de forma crítica, passasse a questionar a maneira pela qual ele é avaliado e, conseqüentemente, remunerado (Rocha-Pinto, 2002)? As discussões sobre qualificação e competência são objeto de um capítulo à parte neste livro.

Como destacado, o século passado assistiu ao surgimento das grandes organizações e do conceito de emprego e carreiras. Contudo, já no final do século XX, estudiosos apontavam o fim dos empregos (Bridges, 1995; Rifkin, 1995) e Chanlat (1995, 1996) questionava a noção de carreira profissional. Surge, nesse momento, o conceito de empregabilidade. A este respeito observa-se que, enquanto os defensores da empregabilidade (Bridges, 1995) transferem a responsabilidade pelo desenvolvimento da carreira para o indivíduo, outros atestam a perversidade contida nessa idéia, em face das condições do atual mercado de trabalho. Nesse contexto, destacam-se os novos desafios para a gestão de pessoas e a necessidade da adoção de um novo modelo de gestão.

Modelos de gestão

A fim de apresentar os modelos de gestão de pessoas, serão descritos os fundamentos dos modelos autocrático e flexibilizado de gestão, suas aplicações e seus limites.

Modelo autocrático de gestão de pessoas

Como enfatizamos, as empresas têm buscado subordinar o gerenciamento de pessoas ao modelo de gestão autocrático, de cima para baixo, e centralizado, no qual alguns poucos indivíduos, encastelados no topo da pirâmide organizacional, determinam o futuro da organização e decidem o destino de muitos. Esse modelo de gestão absolutista está preso a uma visão mecanicista que, de acordo com Morgan (1996), caracteriza a vida organizacional como rotinizada e funcionando com a precisão exigida de um relógio. Nessa perspectiva, predomina a idéia de que as pessoas complementem as funções da tecnologia, ajustando-se e comportando-se como se fossem partes de máquinas.

Pode ocorrer que tenhamos simpatia ou experimentemos aversão ao modelo autocrático de gestão organizacional. Isso não significa que esse tipo de modelo seja bom ou ruim, pelo simples fato de gostarmos ou não dele. Muitas pessoas que professam um profundo desprezo pelo modelo absolutista geralmente tendem a racionalizar sua posição alegando que a autocracia está cada vez mais divorciada da realidade social. Tal postura pode apresentar uma certa coerência ideológica; entretanto, não justifica que o modelo de gestão em pauta seja considerado inservível ou obsoleto.

Por maior que seja nosso eventual distanciamento das premissas do absolutismo, devemos reconhecer os bons resultados que tal modelo oferece às organizações. Não há nada de extraordinário no fato de que ainda hoje o *modelo do chicote* possa oferecer bons resultados para as empresas em geral, pois, no final das contas, quase tudo se resume à velha máxima: a pessoa certa no lugar correto. Dispondo de chefes autocráticos, porém competentes, e de subordinados que se sintam à vontade sob o poder de mando explícito e coercitivo, a organização totalitária pode ser bem-sucedida em termos econômico-financeiros.

As organizações gerenciadas de forma totalitária são pródigas na aplicação dos preceitos de Frederick Winslow Taylor. Sim, leitor: o engenheiro Taylor deixou um importante legado para o gerenciamento de pessoas, mediante o estudo de tempos e movimentos necessários e adequados a cada tarefa. Tais preceitos possibilitaram às organizações obter a almejada eficiência e os conseqüentes ganhos de produtividade.

Tendo alcançado grande repercussão no início do século passado, as idéias de Taylor ainda hoje são reverenciadas e utilizadas em larga escala. Outra contribuição intelectual recebida advém do psicólogo social Burrhus Frederick Skinner (apud Cloninger, 1999), que, inspirado em experiências realizadas com animais, pregava a necessidade de que o comportamento humano viesse a ser condicionado, por meio de reforços positivos ou negativos.

A organização skinneriana

Segundo Seymour-Smith, as idéias de Skinner podem ser catalogadas entre as que mais influenciaram a humanidade em todos os tempos, dada sua permeabilidade no tecido social, embora de forma sinistra, pois desprezavam a "noção de uma Humanidade que age por vontade própria" (Seymour-Smith, 2002:676).

Nas organizações bem-sucedidas na adoção do modelo de gestão autocrática totalitária, geralmente se observa um casamento, digamos, *feliz*, entre Taylor e Skinner, pois os *padrões comportamentais* representam uma importante complementaridade à padronização operacional. No Brasil, verifica-se que as idéias skinnerianas têm encontrado guarida especialmente nos ramos de atuação que empregam grande número de pessoas, com qualificação e remuneração baixas, e que, em geral, adotam o modelo absolutista de gestão organizacional. Quando a empresa oferece uma remuneração abaixo da média do mercado, ela tende a contar apenas com pessoal deficiente em termos de qualificação profissional e de regras elementares de convivência humana e civilidade. Nesse caso, as idéias de Skinner podem oferecer um guia de padrões comportamentais a uma massa pouco qualificada de pessoas.

Portanto, quer gostemos, quer não, da teoria skinneriana e do modelo de gestão autocrático, eles continuam funcionando e produzindo resultados econômico-financeiros. Para destroná-los, caso consideremos oportuno e conveniente que assim seja feito, não basta apresentar evidências de que são anti-humanistas, maniqueístas e distantes anos-luz da era de Aquário. As organizações somente poderão ser sensibilizadas se apresentarmos argumentos sólidos e convincentes de que há um novo modelo — muito diferente do autocrático — capaz de oferecer resultados superiores ao longo do tempo. O convite, portanto, é para que o leitor venha vislumbrar neste possível novo modelo uma atraente alternativa que pode gerar ainda maiores e melhores resultados para as organizações.

O modelo flexibilizado de gestão de pessoas

A gestão flexibilizada de pessoas pode ser definida como um modelo de gestão no qual os funcionários podem influenciar as decisões, exercer controle e compartilhar poder. Nos seus limites superiores, ou na sua plenitude, a administração participativa pode elevar os funcionários a uma situação paritária em relação aos empresários, permitindo que venham a ser aquinhoados com uma parcela do capital da empresa. Na iniciativa privada, a gestão flexibilizada pode ser alcançada de uma maneira essencialmente pragmática, sem basear-se em uma posição ideológica ou doutrinária. Na realidade, a indutora da gestão flexibilizada de pessoas é a eterna questão da melhoria do desempenho organizacional.

Na gestão flexibilizada de pessoas o desafio, de acordo com McLagan e Christo (2000), é envolver e emocionar as pessoas, para que haja uma ampla e intensa cooperação, com ênfase especial para a atuação em equipe, na forma de grupos de trabalho, gerências de projetos e estruturas matriciais. Ainda segundo esses autores, a comunicação deve ser envolvente, multidirecionada e abrangente. A tomada de decisão necessita ocorrer no nível consensual, integrado, e, em termos operacionais, ela deve acontecer de forma descentralizada. A gestão flexibilizada ou participativa fortalece a responsabilidade e a lealdade à organização. Esse modelo de gestão enseja uma fraca rotatividade funcional, proporciona uma redução dos desperdícios de recursos e tem, como decorrência, o moral e o ânimo elevados entre os funcionários. Todas as forças sociais dirigem-se para a consecução dos objetivos da organização formal.

Na busca desse eldorado organizacional, três personagens merecem ter aqui registradas suas constatações e conquistas. O pioneiro é um pesquisador norte-americano, Rensis Likert (1961), que, ainda no início da década de 1960, estudou o comportamento da produtividade e da qualidade ao longo do tempo em dois grupos de empresas que adotavam modelos de gestão distintos (Likert, 1961). O primeiro grupo obedecia ao modelo de gestão autocrático, enquanto o segundo havia migrado desse sistema e estava atuando de acordo com um modelo flexibilizado ou participativo. Nessa pesquisa ficou evidenciado que as empresas que adotavam o modelo autocrático:

❏ apresentavam índices satisfatórios e crescentes de produtividade/qualidade em ciclos médios com a duração de 30 a 36 meses;
❏ ao final de cada ciclo, a produtividade/qualidade decrescia e ocorria a necessidade de recrudescimento da autocracia, com maior rigor na supervisão e, às vezes, troca de comando.

Quanto às empresas que haviam trocado de modelo de gestão, passando da autocracia para a participação, foi constatado que:

❏ nos primeiros dois a três anos de mudança, a produtividade/ qualidade mostrou-se *inferior* aos índices obtidos pelas organizações administradas de forma absolutista;

❑ após esse período, as empresas participativas passavam a experimentar níveis crescentes de produtividade/qualidade, superiores aos do modelo absolutista quando em sua plenitude.

A figura 1 compara os resultados dos dois grupos de estudo analisados por Rensis Likert (1961).

Figura 1
REPRESENTAÇÃO GRÁFICA DAS CONCLUSÕES DAS PESQUISAS
DE RENSIS LIKERT

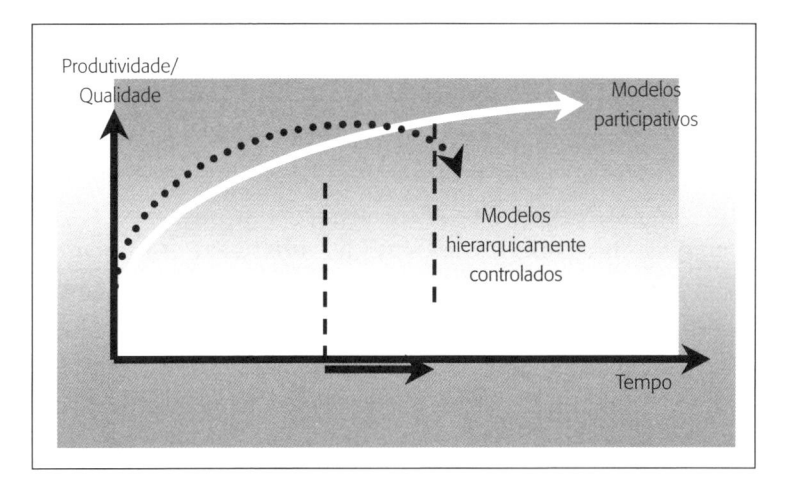

Enquanto Likert (1961) pesquisou o comportamento e a transição do modelo de gestão — de autocrático para participativo —, décadas após dois outros personagens fizeram essa transição e relataram suas experiências. O norte-americano Jack Welch e o brasileiro Ricardo Semler utilizaram as respectivas empresas como laboratórios. Verificaram na prática a ocorrência dos fenômenos estudados por Likert, o que permitiu que se ampliasse o entendimento sobre o modelo flexibilizado de pessoas, mediante o mapeamento das dificuldades encontradas ao trilharem um território ainda pouco conhecido.

Quando Jack Welch assumiu o cargo de CEO (*chief executive officer*) da General Electric (GE), ele sabia que tinha pela frente a tarefa de sua vida e seu grande sonho: promover uma ampla e profunda mudança no modelo de gestão de pessoas de sua empresa (Welch e Byrne, 2001). A empresa era mastodôntica: nela conviviam mais de 25 mil gerentes, e cerca de 130 executivos ostentavam o galardão de vice-presidente disto, vice-presidente daquilo, vice-presidente de não-sei-o-quê... A organização era maciça e formal, com 12 níveis hierárquicos entre o CEO e o chão-de-fábrica. O número total de funcionários excedia a 400 mil pessoas. Rotineiramente, dezenas de pessoas se submetiam a reuniões na diretoria para avaliação de projetos impessoais e frios. Os indivíduos comportavam-se como cachorros amestrados e agiam como se a letra fria da papelada valesse muito mais do que a energia, o entusiasmo e o empenho das pessoas em vender suas idéias. A empresa não valorizava a emoção; interessava-se por rotinas e por números, incapazes de mobilizar adequadamente o coração das pessoas.

O modelo de gestão vigente fora construído em sintonia com o modelo mecanicista, que privilegia as estruturas de comando e de controle. Vigoravam os preceitos de planejar, organizar, integrar e medir, rotulados com a sigla Poim. Jack Welch alterou a estrutura organizacional da GE. Demitiu pessoas, suprimiu níveis hierárquicos, vendeu empresas, divulgou a necessidade de a GE buscar a participação, as idéias e o comprometimento dos funcionários... e enfrentou o inferno astral. Nos primeiros anos de introdução do novo modelo de gestão, a GE obteve resultados financeiros negativos. De certa forma, as conclusões das pesquisas de Likert (1961) confirmavam-se mais uma vez. Em face do gigantismo da sua organização, Welch não padeceu apenas dois a três anos, mas enfrentou um período difícil de sete anos, nos quais os resultados custaram a aparecer. Porém, sua persistência foi finalmente premiada: a curva da lucratividade mostrou-se ascendente e a GE, a partir de então, encontra-se no *ranking* mundial das 10 empresas de maior valor de mercado. As críticas feitas a Welch, depois que ele deixou a GE, não apagam esses resultados.

No Brasil, um dos exemplos clássicos da adoção do modelo flexibilizado de gestão de pessoas no contexto empresarial é a empresa Semco, palco de uma notável mudança participativa nos anos 1980, patrocinada pelo polêmico e controvertido empresário Ricardo Semler. Durante a transição de modelo de gestão, ele registrou sua façanha no livro *Virando a própria mesa* (Semler, 1989). Foram vendidos mais de 600 mil exemplares, colocando o autor sob os holofotes da mídia e gerando expectativas nas pessoas — especialmente nos grandes empresários — em relação aos resultados que poderiam advir da nova proposta do modelo de gestão.

A prática demonstrou, contudo, que as constatações de Likert (1961) estavam corretas, pois também Semler (apud Johann, 1998) enfrentou uma intensa turbulência cultural no início do processo de mudança na sua empresa e os resultados custaram a materializar-se positivamente. Mesmo cinco anos após ter iniciado a implementação do modelo participativo, a Semco apresentava apenas resultados pouco animadores em seu balanço contábil. A discrepância entre a imagem de arrojo de Semler e os parcos resultados da Semco gerou certo descrédito de suas idéias, especialmente nos meios empresariais. Nos corredores da Federação das Indústrias do Estado de São Paulo (Fiesp), ele chegou a ser taxado — às escondidas — de louco, de leviano e de marqueteiro.

Semler não esmoreceu, resguardou-se da mídia e continuou trabalhando dentro de preceitos democráticos e participativos. Uma década após o início da transição na Semco, ele veio a público e divulgou os números de sua empresa: nesse período ele havia diversificado as atividades da Semco e multiplicado por 10 seus lucros... em dólares! Ricardo Semler, então, verteu seu livro para o inglês, rebatizou-o de *Maverick* e passou a dar conferências no exterior. *Maverick* já atingiu a marca de 400 mil exemplares vendidos.

As dificuldades e os riscos na flexibilização da gestão de pessoas

Ao romperem a barreira da autocracia, Ricardo Semler e Jack Welch defrontaram-se com dificuldades e puderam avaliar o risco que correram. Das pesquisas de Likert (1961), eles confirmaram que os resultados obtidos nos anos iniciais de introdução do modelo participativo são inferiores aos que seriam possivelmente alcançados com a adoção do modelo autocrático. O período de transição existe. Tanto Semler quanto Welch identificaram os obstáculos presentes nesse período e as razões para o decréscimo da produtividade e da qualidade, conforme descrito a seguir.

❑ No modelo de gestão autocrático basta ordenar; na gestão participativa deve-se convencer o indivíduo e provocar-lhe a motivação. Isto exige dos executivos desprendimento, tempo e... talento!

❑ No modelo flexibilizado de gestão de pessoas, o poder é redistribuído. De certa forma, confere aos executivos uma sensação de vácuo de autoridade, requerendo que eles gerenciem menos e liderem mais. E nem todos estão predispostos... ou preparados!

❑ A despeito das diferenças culturais, tanto o Brasil quanto os EUA possuem instituições relativamente autoritárias, tais como a família, a escola, a religião, a universidade e, em certa medida, as próprias empresas. Conseguir que uma pessoa assim condicionada passe, de uma hora para outra, a tornar-se democrática e participativa é um trabalho árduo e demorado.

- As pessoas — em todos os níveis — tendem a desconfiar muito das intenções da alta administração da empresa quanto a seus sinceros propósitos de criação de um modelo flexibilizado. A confiança e a adesão dos funcionários devem ser conquistadas passo a passo, através da transparência, da sinceridade e da persistência.
- Finalmente, o modelo flexibilizado de gestão de pessoas é um caminho pouco trilhado. Não existe a mágica, o coelho tirado da cartola... A empresa tem de construir os mecanismos que empregará para implementar a gestão participativa de acordo com suas necessidades e peculiaridades culturais.

Quanto a este último aspecto — criação dos mecanismos do modelo flexibilizado —, deve ser registrada a iniciativa da GE, que, ao criar o *work-out*, ofereceu uma resposta consistente a uma das maiores dificuldades — e desafios — da gestão participativa: como dar voz ativa aos níveis operacionais?

O work-out como instrumento da gestão flexibilizada de pessoas

Imagine a seguinte cena: grupos de 40 funcionários de um determinado setor ou divisão de uma empresa, reunidos num local afastado das suas atividades — a sala de treinamento de um hotel, por exemplo — e recepcionados pelo presidente da organização. Após breves instantes de "quebra-gelo" e de saudações, o presidente dá o recado ao grupo, enfatizando que ele e o gerente-geral da área ora reunida se retirarão do evento e retornarão dois dias após, para participar da sessão final dos trabalhos. Nesse ínterim, as pessoas serão mobilizadas, por meio de um facilitador recrutado externamente, e terão uma única — porém ambiciosa — incumbência: repensar as operações e os processos que vivenciam no seu dia-a-dia na empresa, analisando-os, criticando-os e formulando sugestões no sentido de retirar do sistema o trabalho desnecessário. Após dois dias de interação, as equipes estruturam suas sugestões e, na sessão final dos trabalhos, apresentam-nas, já na presença, novamente, do presidente e do gerente-geral da área em análise. A tarefa do gerente-geral, então, é decidir, na hora, sobre pelo menos 75% das sugestões apresentadas, dando um sim ou não imediato. As sugestões mais elaboradas — ou mais complexas — são agendadas para outra data, quando receberão uma decisão final. O presidente a tudo assiste, mas não intervém; ele é o avalista desse processo, que recebe o nome de *work-out*. Dependendo do porte da empresa, as sessões de *work-out* repetem-se — com áreas diferentes — dezenas ou, até, centenas de vezes.

O *work-out* (*taking unnecessary work out of the system*) foi empregado com êxito na GE, na década de 1990, oferecendo oportunidade de participação aos níveis operacionais e confirmando que as pessoas diretamente envolvidas na operação são as mais adequadas para propor melhorias nos processos de seu ambiente de trabalho. Nenhuma proposição podia ser engavetada e, quando as pessoas viram que suas propostas eram levadas a sério, analisadas na hora e aprovadas ou rejeitadas de imediato, o *work-out* se converteu em verdadeiro demolidor da rigidez do processo decisório. Possivelmente, o *work-out* ajuda a colocar um ponto final nos métodos mecanicistas que durante anos predominaram no ambiente organizacional, desenvolvendo a confiança nos funcionários de nível operacional, estimulando-os para que possam criticar os processos estabelecidos e sugerir novas formas de executar o trabalho, caracterizando a adoção do *empowerment* (compartilhamento do poder) no ambiente organizacional.

As mudanças ocorridas no ambiente organizacional, nas relações de trabalho e nos processos de tomada de decisão são de tal magnitude que estão levantando desafios para a gestão de pessoas e para os profissionais de recursos humanos (RH). Refletir sobre essas questões é o novo convite formulado.

Os desafios para a área de gestão de pessoas

Se o contexto do trabalho mudou, se o conceito de carreiras conforme edificado no século passado também se transformou, inevitavelmente a então conhecida área de gestão de pessoas está diante de um enorme desafio. Esse desafio é uma decorrência da necessidade de incorporar, definitivamente, a dimensão estratégica à gestão de pessoas. Dessa forma, em vez de se reduzir a um departamento ou área, a gestão de pessoas há de ser considerada uma prática que requer a atenção plena em todos os setores da organização. Figurativamente, então, pode-se ilustrar a gestão de pessoas como um processo matricial. Assim, em um vetor encontram-se os profissionais especializados em práticas de gestão de pessoas, alimentando o sistema organizacional com ferramentas e aconselhamento. No outro vetor, situam-se as pessoas envolvidas no dia-a-dia, nas atividades de supervisão e de coordenação de atividades operacionais.

A esse respeito, Almeida (1993) considera que atualmente é tarefa da gestão de pessoas ajudar os funcionários a descobrir quais são seus interesses de realização, proporcionando, também, as condições necessárias para que o trabalho seja executado em consonância com esses interesses. Dessa forma, a gestão de pessoas é responsável, nesse novo paradigma, pela promoção do encontro de interesses dos empregados, patrões e clientes (Almeida, 1993). Observa-se, então, uma necessidade de expansão do próprio conceito de gestão de pessoas, levando-o além das atividades tradicionais de avaliação, recrutamento e seleção, contratação, manutenção e desligamento.

Ulrich (1998a, 1998b) considera que desempenhar um papel totalmente novo, focando resultados que agreguem valor à empresa, a seus clientes, funcionários e investidores, é o que se espera da gestão de pessoas. Mas, pode-se perguntar: o que fazer para desempenhar esse papel? A resposta do autor é que a gestão de pessoas deve passar a ser uma administradora: de estratégias de recursos humanos; da infra-estrutura da empresa; da contribuição dos funcionários; da transformação e da mudança. O quadro 1 relaciona as principais demandas de cada um desses papéis.

Quadro 1
PRINCIPAIS EXIGÊNCIAS DOS PAPÉIS DA GESTÃO DE PESSOAS

Como administrar estratégias de gestão de pessoas?	Como administrar a transformação e a mudança?	Como administrar a infra-estrutura?	Como administrar a contribuição dos funcionários?
❏ Definindo a arquitetura da empresa. ❏ Conduzindo uma consultoria de negócios. ❏ Modificando a arquitetura da empresa para que facilite a implantação da estratégia. ❏ Definindo claramente suas próprias prioridades.	❏ Aumentando a capacidade da organização de se engajar e capitalizar as mudanças. ❏ Traduzindo a visão da empresa em atitudes e atividades que levarão à sua real concretização. ❏ Criando um modelo de transformação. ❏ Tornando-se o arquiteto de novas culturas.	❏ Identificando e otimizando os processos da área. ❏ Otimizando os processos que contribuirão para aumentar a credibilidade do setor de RH. ❏ Redefinindo os demais processos da empresa.	❏ Garantindo que os funcionários estejam totalmente comprometidos com a empresa. ❏ Orientando e treinando os gerentes para que eles compreendam a importância de ter funcionários motivados. ❏ Representando os funcionários durante reuniões com a gerência. ❏ Oferecendo oportunidades de crescimento pessoal e profissional aos funcionários. ❏ Suprindo os funcionários com os recursos necessários para atingir as metas definidas.

A partir desses quatro papéis, a gestão de pessoas pode atuar estratégica e corporativamente. Dessa forma, poderá direcionar processos, programas e projetos para a implantação da gestão de competências, norteando a captação, seleção e manutenção de talentos e contribuindo, ainda, para a revalorização da cultura, essencial para os processos de mudança organizacional.

2
Gestão de competências

No Brasil, a gestão de competências é um tema relativamente recente, tendo despertado interesse cada vez maior nos responsáveis pelo gerenciamento de pessoas, pelo fato de, quando bem-elaborada e conduzida, permitir uma efetiva alavancagem nos negócios da empresa. A gestão de competências pressupõe que a empresa consiga discernir os resultados que almeja atingir no longo prazo e, mais do que isso, adote uma estratégia coerente e possa identificar e desenvolver, em seus funcionários, as competências para alcançar os propósitos organizacionais.

A adoção da gestão de pessoas fundamentada em competências requer que a empresa identifique com clareza quais as lacunas ou deficiências em seu quadro funcional que possam retardar ou bloquear a obtenção dos macroobjetivos estratégicos da organização. Para suprir ou sanar tais deficiências, devem ser colocadas a serviço do desempenho organizacional as várias dimensões funcionais de gestão de pessoas como a captação e seleção de talentos, a remuneração e o reconhecimento, a avaliação de desempenho e, em especial, a educação continuada.

A seguir, teremos a oportunidade de identificar o que é competência, sua abrangência, aplicabilidade e, em certa medida, alguns aspectos da sua operacionalidade.

O que é competência

Nas últimas duas décadas, vários teóricos vêm-se dedicando ao desafio de conceituar competência. O termo pode ser encontrado de várias maneiras, sendo comumente utilizado para "designar pessoa qualificada para realizar algo. Seu oposto ou antônimo não apenas implica a negação dessa capacidade, mas também guarda um sentimento pejorativo, depreciativo" (Fleury e Fleury, 2000:18).

Nas organizações, a palavra *competência* está relacionada à pessoa — seus conhecimentos, habilidade, atitudes — e à tarefa, associada a resultados.

Segundo Fleury e Fleury (2000:19), uma definição de competência comumente utilizada entre os profissionais de RH é: "conjunto de conhecimentos, habilidades, atitudes que afetam a maior parte do trabalho de uma pessoa, e que se relacionam com o desempenho no trabalho; a competência pode ser mensurada, quando comparada com padrões estabelecidos e desenvolvidos por meio de treinamento".

Dessa forma, o desenvolvimento de competências é uma condição imprescindível para que se atinjam os resultados organizacionais.

Para Looy, Dierdonck e Gemmel (1999), competências são características humanas relacionadas com a eficácia e a eficiência profissionais. A análise dessas características, segundo os autores, permite prever certos comportamentos e desempenhos dos funcionários, possibilitando aos profissionais de RH e demais responsáveis pela gestão de pessoas correlacionar certos desempenhos profissionais com competências individuais. A correlação e a previsibilidade do comportamento e desempenho dos funcionários possibilitam não só generalizações de comportamentos diante de certas situações, mas também a construção de sistemas de controle de entrada e saída de talentos e a avaliação de desempenho profissional baseado em competências, além da identificação de *gaps* na formação e qualificação dos funcionários. Desta forma, pode-se compatibilizar competências e desempenhos individuais com os objetivos e a estrutura da organização.

Nessa perspectiva, segundo Deluiz (1996:19):

> *A competência é inseparável da ação e os conhecimentos teóricos e/ou técnicos são utilizados de acordo com a capacidade de executar as decisões que a ação sugere. A competência é a capacidade de resolver um problema em uma situação dada. A competência baseia-se nos resultados.*

Portanto, a noção de competência está associada a desempenho profissional, que exige do funcionário não só *saber fazer* bem suas atividades, como *saber ser* um bom profissional. Por exemplo, o vendedor competente não é o que apenas sabe fazer uma negociação, e sim aquele que sabe ser um bom negociador. Isso implica conhecimentos técnicos (como planejar, executar e avaliar uma negociação), como também crenças, valores, características e traços de personalidade, que delineiam os "como", "quês" e "porquês" da atitude e, conseqüentemente, da *performance* profissional. Contudo, para *saber ser* é imprescindível *saber fazer.*

Dessa forma, competência não pode ser restrita a fazer bem algo. Tem como maior característica, ou pelo menos deveria ter, o refazer-se todos os dias. É uma forma criativa de manejar a inovação, alerta Deluiz (1996). Essa característica leva a uma reflexão: para ser competente, você precisa *saber ser* competente. Precisa estar aberto às mudanças, ser flexível, ter iniciativa e uma boa pitada de ousadia e coragem. Também precisa viver do questionamento reconstrutivo para que possa questionar e reconstruir-se diariamente. O conhecimento só pode ser inovador se, antes de qualquer coisa, você souber inovar-se. Consiste em um processo contínuo de construção, destruição e reconstrução.

Portanto, torna-se necessário mudar a organização do trabalho; dar autonomia aos funcionários e criar um ambiente favorável para o desenvolvimento da criatividade e da responsabilidade profissional. O funcionário deve assumir responsabilidade incondicional pelo seu trabalho. Há pequenas decisões que, por mais que o gerente planeje, devem ser tomadas pelos profissionais (por exemplo: "compro ou não esse peixe?"; "almoço agora ou atendo primeiro o cliente?"). Ninguém consegue prescrever todas as pequenas decisões do dia-a-dia funcional.

É inquestionável que as exigências de novas competências conduzem a um novo patamar em matéria de comprometimento dos funcionários em seu trabalho.

Portanto, a competência

> *é o tomar iniciativa e assumir responsabilidade do indivíduo diante de situações profissionais com as quais se depara. (...) Tomar iniciativa é uma ação que modifica algo que existe, que introduz algo novo, que começa alguma coisa, que cria* (Zarifian, 2001:69-70).

Assim, tomar iniciativa significa que o funcionário não pode ser percebido como um robô, que obedece cegamente às ordens de seu proprietário. Entretanto, para que possa tomar iniciativa, ele precisa desenvolver a capacidade de imaginação e de invenção e, dessa forma, abordar o trivial e o imprevisto de maneira adequada e inovadora.

Já a palavra *responsabilidade* é muito empregada no campo jurídico, quando se refere à obrigação de reparar o mal que se causou a outros. É a contrapartida da autonomia e da descentralização da tomada de decisão. Trata-se de assumir "a responsabilidade pela avaliação da situação, pela iniciativa que pode exigir e pelos efeitos que vão decorrer dessa situação" (Zarifian, 2001:70). Portanto, cada um de nós é responsável porque as coisas dependem de nós e essa responsabilidade está vinculada ao prazo, à qualidade, à confiabilidade, à satisfação do cliente.

Os saberes que compõem as competências têm conteúdo subjetivo, individual, e são desenvolvidos, construídos e aprendidos ao longo da vida do profissional. A formação profissional não é só fruto de conhecimentos adquiridos no trabalho. É resultante de saberes oriundos de várias esferas — formais, informais, teóricas, práticas e tácitas —, sem, contudo, desconsiderar características pessoais.

Em consonância com a abordagem de Zarifian (2001), Fleury e Fleury (2000:20) consideram que o trabalho não pode, doravante, ser percebido como um conjunto de tarefas associadas ao cargo, às atividades a serem executadas, mas torna-se "um prolongamento direto da competência que o indivíduo mobiliza em face de uma situação profissional cada vez mais mutável e complexa".

Para Fleury e Fleury, as competências devem agregar valor econômico para as empresas e valor social para o indivíduo. Definimos, assim, competência: um saber agir responsável e reconhecido, que implica mobilizar, integrar, transferir conhecimentos, recursos, habilidades que agreguem valor econômico à organização e valor social ao indivíduo (Fleury e Fleury, 2000:21).

A figura 2 oferece uma síntese da definição de competência, segundo os autores mencionados.

Figura 2
COMPETÊNCIAS COMO FONTE DE VALOR PARA O INDIVÍDUO E PARA A ORGANIZAÇÃO

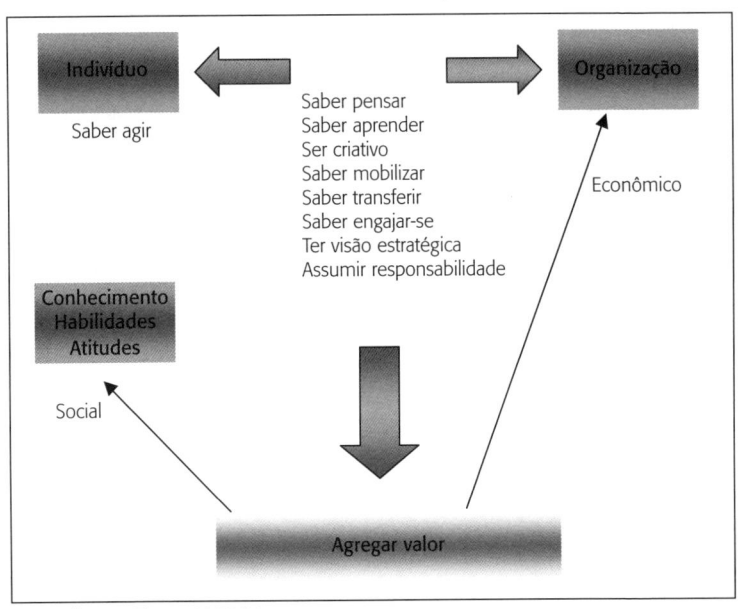

```
Indivíduo  ⇐         Saber pensar        ⇒  Organização
                     Saber aprender
Saber agir           Ser criativo
                     Saber mobilizar
                     Saber transferir           Econômico
                     Saber engajar-se
                     Ter visão estratégica
                     Assumir responsabilidade

Conhecimento
Habilidades
Atitudes

Social                      ⇓
                      Agregar valor
```

Fonte: Fleury e Fleury, 2000:21.

Os autores também oferecem um glossário para alinhar os significados dos verbos apresentados. As competências dos profissionais demandam os seguintes saberes, incluindo as competências cognitivas:

- saber agir — saber o que e por que faz;
- saber julgar, escolher, decidir;
- saber mobilizar — mobilizar recursos de pessoas, financeiros e materiais, criando sinergia entre eles;
- saber comunicar — compreender, processar e transmitir informações, assegurando o entendimento da mensagem pelos outros;
- saber aprender — trabalhar o conhecimento e a experiência, rever modelos mentais, saber desenvolver-se e propiciar o desenvolvimento dos outros;

- saber comprometer-se — engajar-se e comprometer-se com os objetivos da organização;
- saber assumir responsabilidade — ser responsável, assumindo os riscos e as conseqüências de suas ações, e ser por isso reconhecido.

Entretanto, para que possamos desenvolver competências, precisamos antes ter desenvolvido capacidades e habilidades cognitivas, ou seja, competências que nos permitam aprender a aprender.

Competências cognitivas e desenvolvimento de competências profissionais

Torres (1992) observa que a nova ordem mundial caracteriza-se pelo culto à informação e à matemática. Segundo a autora, esse contexto exige a reformulação dos conteúdos e do processo de ensino-aprendizagem adotado pelas instituições de ensino, em particular as públicas. A educação tradicional, centrada no conteúdo das disciplinas, algumas vezes não privilegia o desenvolvimento das capacidades e habilidades cognitivas indispensáveis para o desenvolvimento de atitudes necessárias para o *saber ser*, como as capacidades de raciocínio e auto-aprendizagem, de pensamento autônomo e crítico, de solução de problemas e, principalmente, de criatividade.

Em geral, a maioria das empresas limita-se a mencionar, selecionar e desenvolver capacidades técnicas adequadas às atividades profissionais, sem, contudo, preocupar-se com o saber ser.

É importante retomar a significação dada às capacidades e habilidades apresentadas por Torres (1992). Vejamos, a seguir, cada uma delas.

Aprender a pensar

O desenvolvimento das habilidades de pensamento significa não só "saber muitas coisas", mas aplicar esses conhecimentos com eficácia e com capacidade de adaptação, pois

aprender a pensar é uma necessidade básica de aprendizagem. Consiste em aprender a examinar as suposições, para buscar perspectivas novas, prever as mudanças e saber conduzi-las de tal forma que as pessoas possam construir o futuro, e não se acomodar a ele (Torres, 1992:85).

Aprender a pensar, portanto, compreende:

- aprender rapidamente novas técnicas;
- aplicar conhecimentos antigos de forma nova;
- tomar as decisões adequadamente;
- desenvolver o espírito de indagação e raciocínio;
- discriminar mensagens e afirmações;
- avaliar e valorizar a lógica das deduções;
- posicionar-se diante de alternativas.

Resolução de problemas

Não existe uma habilidade ou capacidade para resolver problemas em geral, visto que para cada problema há conhecimentos diferentes, inerentes à sua natureza, devendo-se ter em mente que "a resolução de problema — a habilidade para resolver problemas depende não somente de um pensamento eficaz, mas também do conhecimento que se tenha acerca do problema particular, assim como dos métodos gerais para se lidar com ele" (Torres, 1992:87).

No entanto, o sistema tradicional de educação percebe "resolução de problemas" como habilidade genérica e aplicável a qualquer campo e a qualquer circunstância. Esta maneira de conceber a "resolução de problemas" desconsidera os conhecimentos próprios de cada problema.

Criatividade

A criatividade não é garantida pela inteligência e pelo pensamento crítico, apesar de eles serem indispensáveis; criatividade é definida como um conjunto de capacidades e disposições que fazem com que uma pessoa produza com freqüência novos produtos ou serviços "e que se manifeste de formas diferentes, em diferentes âmbitos (arte, literatura, ciência etc.)" (Torres, 1992:88).

Aprender a aprender

As organizações, sejam elas públicas ou privadas, precisam entender que ensinar a "aprender a aprender" implica, antes de qualquer coisa, uma revisão da concepção de educação, de ensino, de aprendizagem e de avaliação.

Aprender a aprender,

> noção vinculada à "auto-aprendizagem", "educação permanente", "autodidatismo", refere-se à capacidade de refletir sobre a própria aprendizagem, tomar consciência das estratégias e dos estilos cognitivos individuais, reconstruir itinerários seguidos, identificar as dificuldades encontradas, assim como os pontos de apoio que permitem avançar (Torres, 1992:92).

A noção de competência surge, assim, associada também ao saber pensar, à criatividade e ao aprender a aprender.

Competências organizacionais

Cláudio Alexandrino, um motorista de táxi, era funcionário de um banco em Belo Horizonte. Cansado de seu trabalho rotineiro, pediu demissão e resolveu que faria algo que lhe desse mais satisfação. Não obstante, o que parecia ser fácil, tornou-se difícil e penoso. Não conseguia emprego. Com contas a pagar, via-se assustado. O que fazer? Essa era a pergunta que não saía de sua cabeça. Considerava-se bom profissional; afinal, tinha o perfil exigido pelo mercado: era criativo, empreendedor, ousado, comunicativo, bom negociador e flexível. Por que tanta dificuldade? Não sabia onde estava errando. Para distrair-se, costumava cuidar de seus bens.

Cláudio tinha uma grande paixão: carros. Cuidava do seu único bem com afinco. Um dia, seu vizinho, vendo tanta dedicação, lhe dá a dica: "Por que você não se torna um motorista de táxi"? A sugestão caiu como uma luva. Comprou a idéia e resolveu investir nesse novo empreendimento. Seu primeiro passo foi conhecer o mercado. Observou que os motoristas, em sua maioria, não se vestiam bem nem cuidavam adequadamente de seus automóveis. Montou sua estratégia a partir da observação não só do que esses profissionais faziam certo como, e principalmente, do que faziam errado. Identificou uma ótima oportunidade: oferecer um serviço baseado em um diferencial. Comprou, então, um Ômega zero quilômetro e algumas camisas sociais e gravatas. Seria um chofer, e não um mero motorista de táxi. Sua apresentação, mais cortesia com uma grande pitada de empatia, além de um excelente carro, com ar-condicionado, seriam seus *fatores de diferenciação*. E deu certo. Os clientes preferiam um carro novo e a gentileza de Cláudio a um carro e um motorista maltratados. Em pouco tempo, os demais motoristas perceberam que, para ter a mesma quantidade de clientes, precisavam imitar Cláudio. O que era um *fator de diferenciação* de Cláudio passou a ser um *fator de qualificação*, ou seja, condição indispensável para atrair clientes — pré-requisito para participação nesse mercado.

Cláudio precisava de um novo *fator de diferenciação*. Procurou observar e identificar necessidades e desejos de seus clientes. Percebeu que, pelas manhãs, eles gostavam de ser transportados lendo jornais e revistas. Rapidamente, viu uma nova oportunidade; iria, doravante, oferecer revistas, jornais e música a bordo. Dali para frente seus clientes iriam se locomover em um carro novo, com ar-condicionado, ouvindo a música de sua preferência e lendo o que lhes interessava. Estes passaram a ser seus novos fatores de diferenciação. Mas rapidamente alguns concorrentes o imitaram e seu *fator de diferenciação* passou a ser *fator de qualificação*.

Cláudio percebeu que precisava de um diferencial de difícil imitação. Foi então que um amigo, que trabalha no aeroporto, lhe deu outra dica: "Rapaz, você tem um ótimo carro, se veste como chofer, sabe falar, é gentil e seus clientes gostam muito de você. Por que você não aprende inglês para atender aos 'gringos'?" Cláudio de início se espantou com a proposta. Afinal, não tinha muito tempo e dinheiro para investir em um curso de inglês. Mas a idéia não lhe saía da cabeça. Lembrou-se que tinha uma professora de inglês como cliente e pensou na possibilidade de propor uma parceria: ele faria o transporte dela e de seus filhos e, em contrapartida, ela lhe daria aulas. E foi o que aconteceu. Assim, Cláudio conseguiu desenvolver uma competência difícil de ser imitada por seus concorrentes.

Hoje, Cláudio criou uma empresa de transporte e contratou cinco motoristas, que seguem à risca a sua estratégia. Pessoalmente, ele compra e dá a seus funcionários camisas sociais e gravatas. Ele também se responsabiliza pelo treinamento e desenvolvimento de competências identificadas como essenciais para que possa se manter em um mercado altamente competitivo como o seu. Cláudio também se preocupa com a seleção de seus funcionários; acredita que há determinadas competências que não podem ser desenvolvidas, como simpatia, ousadia, determinação.

Esse novo empresário tem uma preocupação ímpar com o futuro de sua empresa. Ele se pergunta constantemente: "O quanto influente pode ser a minha empresa para definir as novas regras de competição no meu setor?"; "Como os meus clientes percebem minha empresa e meus serviços?"; "Como posso tornar tangível minhas competências competitivas?"; "Quais são os novos desejos de meus clientes?"; "Quais são as ameaças e as oportunidades de meu setor?"; "Meus profissionais compartilham de minhas preocupações e visão de futuro?"

Suas preocupações têm fundamento. Quem não percebeu a velocidade e dinâmica das mudanças que vêm ocorrendo? E o tempo de obsolescência dos produtos e serviços? E a aproximação e disseminação de inovações mediante as tecnologias de informação e comunicação (TIC)?

Podemos aprender muito com a história de Cláudio. Destacam-se: a importância da pesquisa para compreender o cenário do setor em que se atua ou que se deseja atuar; a relevância da criação de uma estratégia que analise não apenas o que dá certo, mas, principalmente, o que dá errado no setor; a ênfase que deve ser dada às parcerias; a importância da definição de competências competitivas para atrair e manter clientes; a preocupação constante com a identificação das expectativas e percepções dos clientes, no que se refere aos produtos e serviços oferecidos pelas empresas, e, principalmente, com a formação e o desenvolvimento contínuo dos profissionais.

Podemos observar também que o fator de diferenciação, em pouco tempo, torna-se fator de qualificação, demandando um novo diferencial e o conseqüente aumento de exigência dos clientes. A melhoria contínua é uma preocupação de Cláudio. Mas o que pode ser uma grande dor de cabeça é percebido por ele como oportunidade. Parece que ele conhecia muito bem a definição de competência apresentada por Demo (1997). Para o autor, a competência não se restringe ao *saber como fazer*, mas ao *saber fazer* e, sobretudo, *refazer* permanentemente a relação do indivíduo com sua sociedade e a natureza. Para tanto, é preciso usar o conhecimento que Demo qualifica como inovador: "Mais que fazer oportunidade, trata-se de fazer-se oportunidade" (Demo, 1997:13).

Fica relativamente fácil perceber que o grande desafio atualmente é descobrir as formas pelas quais as empresas podem se desenvolver e se manter competitivas em seu setor.

No complexo ambiente político, econômico e social em que se vive, as organizações precisam buscar competitividade adotando uma postura de pesquisa e aprendizagem contínuas e intensas, a fim de identificar oportunidades, recursos e competências que sejam de difícil imitação, tenham certa durabilidade, permitam a expansão do negócio e sejam específicas ao negócio, entre outros aspectos.

Segundo Hamel e Prahalad (1995:257) "uma empresa deve ser vista não apenas como um portfólio de produtos ou serviços, mas também como um portfólio de competências". Os autores alertam para o perigo que ameaça as empresas incapazes de conceber e de se conceber em termos de competências. Apontam a importância de se procurar sempre "os espaços em branco" que podem ser captados pelos concorrentes, o que Cláudio Alexandrino soube fazer com certa maestria. Trata-se de identificar e criar oportunidades (Demo, 1997), reconhecer e socializar as competências necessárias para responder a essas oportunidades.

As empresas necessitam, portanto, identificar as capacidades e as competências críticas indispensáveis para se manterem competitivas. Não obstante, precisam considerar os processos internos de seu negócio, a perspectiva dos clientes e os desafios e ameaças do segmento de mercado em que atuam. Dessa forma, as competências identificadas como necessárias — essenciais — para responder às oportunidades constituirão um diferencial competitivo. As "competências essenciais são a alma da empresa e, como tal, precisam ser partes integrantes do processo administrativo como um todo" (Hamel e Prahalad, 1995:262). Elas não podem ser entendidas como exclusividade da comunidade técnica. Para tanto, segundo Hamel e Prahalad (1995:261), toda a equipe de uma organização precisa compreender e participar de quatro tarefas:

❑ identificar as competências essenciais existentes;
❑ definir uma agenda de aquisição de competências essenciais;
❑ desenvolver as competências essenciais;
❑ proteger e defender a liderança das competências essenciais.

Identificação das competências essenciais

Os funcionários devem ser capazes de definir e descrever as competências da empresa, assim como identificar e compreender as habilidades incorporadas a elas. Segundo Hamel e Prahalad (1995), os objetivos desse processo são:

❑ desenvolver a compreensão ampla e detalhada das habilidades que garantem o sucesso da empresa;
❑ favorecer a integração dos processos organizacionais, a partir do compartilhamento de habilidades;
❑ indicar caminhos para novos negócios;
❑ favorecer a conscientização da realidade competitiva mediante competências essenciais;
❑ fornecer a base para gerenciar o recurso mais valioso da empresa.

As competências organizacionais constituem um "conjunto de conhecimentos, habilidades, tecnologias e comportamentos que uma empresa possui e consegue manifestar de forma integrada na sua atuação, impactando a sua performance e contribuindo para os resultados" (Nisembaum, 2000:35).

Segundo Nisembaum, há dois tipos de competências organizacionais: as básicas e as essenciais. As básicas são as capacidades indispensáveis à empresa para administrar com eficácia seu negócio. Podem também ser pensadas como *fatores de qualificação*, ou seja, pré-requisitos para se manterem no mercado, não sendo suficientes para garantir liderança e diferencial competitivo. Na história de Cláudio são: um bom carro, uma boa apresentação e cordialidade.

Já as competências essenciais são as que garantem o diferencial. São o passo à frente dos concorrentes e apresentam, de acordo com Nisembaum (2000), três características:

❑ têm valor percebido pelos clientes;
❑ contribuem para a diferenciação entre concorrentes;
❑ aumentam a capacidade de expansão.

Valor percebido são os benefícios percebidos pelos clientes ao se apropriarem de bens e serviços de uma organização. É o que realmente faz diferença para os clientes. Um bom exemplo de competência essencial é a gestão de serviço da TAM.

Diferenciação entre concorrentes refere-se à dificuldade de imitar as competências essenciais. Com as práticas de *benchmarking*, cada vez mais estimuladas, rapidamente as empresas conseguem identificar e copiar o diferencial competitivo de seus concorrentes (fator de qualificação e fator de diferenciação), o que as leva a pesquisar oportunidades e tornarem-se, elas próprias, uma oportunidade.

Quando uma empresa ganha confiabilidade e credibilidade com seus clientes através de suas competências essenciais, tem mais chances de aceitação de seus novos produtos e serviços desenvolvidos com base nessas competências; portanto, *aumenta sua capacidade de expansão*. É imprescindível, portanto, que a empresa saiba identificar suas competências essenciais, a fim de poder se concentrar nas que realmente lhe permitirão expandir.

Definição de uma agenda de aquisição de competências essenciais

Como vimos, a empresa preocupada em manter-se competitiva necessita ter um olho no mercado atual e outro nas oportunidades, nos mercados futuros, a fim de identificar as novas competências essenciais, desenvolvê-las em seus funcionários e produzir produtos e serviços que substancializam essas competências. Para isso, após a identificação das competências, necessita desenvolver uma matriz competência-produto que deverá contemplar as competências já existentes e as recém-criadas, além de novos produtos-mercado, conforme a figura 3.

Figura 3
DEFINIÇÃO DA AGENDA DE COMPETÊNCIAS ESSENCIAIS

Competência essencial	Existente	Novo
Nova	**Liderança em 10** Que novas competências essenciais precisaremos para criar, proteger e ampliar nossas franquias nos mercados atuais?	**Megaoportunidades** Que novas competências essenciais precisaríamos criar para participar de mercados mais interessantes no futuro?
Existente	**Preenchimento dos espaços** Qual é nossa oportunidade para melhorar a posição nos mercados existentes, alavancando as atuais competências essenciais?	**Espaços em branco** Que novos produtos ou serviços poderíamos criar, redistribuindo de forma criativa ou recombinando as atuais competências essenciais?

Mercado

Fonte: Hamel e Prahalad, 1995:264.

O quadrante inferior esquerdo representa o conjunto de competências, produtos e serviços existentes na empresa. São essas competências que permitirão à empresa identificar oportunidades, fortalecendo uma posição no seu segmento de mercado. Hamel e Prahalad (1995) definem esse processo como *preenchimento dos espaços*.

O objetivo do quadrante *liderança em 10* é identificar as novas competências necessárias para a empresa manter e ampliar seu negócio. Visa responder à questão: "Que novas competências essenciais precisamos desenvolver hoje para garantir que seremos considerados os primeiros pelos nossos clientes em cinco ou 10 anos?"

Esse quadrante é definido pelos autores como o das *competências obsoletas* e objetiva identificar também que competências podem e devem ser substituídas ou podem tornar-se obsoletas. "A agenda de desenvolvimento de competências de uma empresa deve incluir a compreensão das novas competências que um dia podem suplantar sua base tradicional de habilidades" (Hamel e Prahalad, 1995:267).

O quadrante inferior direito é definido pelos autores como o dos *espaços em branco*. Refere-se às "oportunidades que não se incluem dentro do alcance de produto-mercado das unidades de negócios existentes" (Hamel e Prahalad, 1995:267). A meta é imaginar as oportunidades de ampliação de competências essenciais existentes em novos mercados.

Por último, o quadrante superior direito, denominado *megaoportunidades*, trata de oportunidades que não se sobrepõem à atual posição da organização no seu mercado, nem ao portfólio de competências existente. A estratégia nesse quadrante pode se dar mediante uma série de aquisições ou de pequenas parcerias que permitirão a uma empresa ter acesso a novos mercados e compreender as competências essenciais para entrar, manter-se e competir nesse novo mercado.

Desenvolvimento de novas competências essenciais

Hamel e Prahalad (1995) apontam para a importância de as empresas buscarem um consenso em relação às competências que devem ser desenvolvidas. Para isso, os autores destacam a relevância da consistência de esforços para esse fim. Apregoam a estabilidade das equipes, a fim de que as metas sejam alcançadas. A rotatividade de profissionais e a conseqüente instabilidade nesse contexto podem minar o aprendizado contínuo das competências essenciais. Assim, a responsabilidade pelo desenvolvimento de novas competências essenciais passa a ser de todos os profissionais, indistintamente. Para validar essa responsabilidade, as empresas estão implementando universidades corporativas, com o intuito de garantir o desenvolvimento de competências tanto essenciais quanto profissionais.

Proteção e defesa da liderança das competências essenciais

Há várias maneiras de perder a liderança: através de competências deterioradas pela falta de fundos, pela fragmentação das competências, por falta de consenso e de esforços das equipes em mantê-las e desenvolvê-las, pela entrega inadvertida de competências a parceiros etc. A proteção das competências essenciais exige vigilância constante, conforme alertam Hamel e Prahalad (1995). Para tanto, os gerentes devem "assumir a função de administradores de determinadas competências na corporação como um todo e devem ser responsáveis pela saúde dessas competências". Podem utilizar como recurso as reuniões periódicas, objetivando analisar as competências que devem ser contempladas. O essencial é que cada funcionário tenha em mente as competências específicas da organização, fazendo-se necessário, segundo Hamel e Prahalad (1995:274):

- estabelecer um processo de participação profunda para identificação das competências essenciais;
- envolver as unidades estratégicas de negócios no processo de desenvolvimento de uma arquitetura estratégica e na definição das metas de aquisição de competências;
- definir um conjunto claro de prioridades de crescimento da corporação e desenvolvimento de novos negócios;
- estabelecer papéis administrativos explícitos para as competências essenciais;
- definir mecanismos explícitos para alocação de recursos de competências essenciais;
- fazer o *benchmarking* dos esforços de desenvolvimento de competências em relação aos concorrentes;
- analisar regularmente o *status* das competências essenciais já existentes e as recém-criadas;
- criar uma comunidade de pessoas dentro da organização que se considerem "detentoras" das competências essenciais da corporação.

Após ter protegido as competências essenciais existentes, faz-se necessário: evitar a "miopia dos mercados" que focam produtos e serviços, e não as competências; criar uma agenda de competências voltadas para o futuro; investir na comunicação, colaboração e integração dos setores/departamentos da empresa.

Competências funcionais

Como vimos, as competências organizacionais não só estão a serviço da manutenção da organização no mercado (competências básicas), como também garantem seu diferencial competitivo (competências essenciais). Entretanto, restam algumas questões: "Como manifestar essas competências organizacionais nas diversas atividades e funções existentes dentro de uma organização?"; "Como torná-las tangíveis nas atividades funcionais?"; " Como os funcionários podem compartilhar das competências organizacionais, executando suas atividades de forma integrada e sistêmica?".

Há necessidade de desdobrar as competências organizacionais em competências funcionais, ou seja, em um conjunto de conhecimentos e habilidades que permita aos funcionários desenvolver suas funções, alinhadas com as competências organizacionais (básicas e essenciais) e com os objetivos estratégicos da organização. É imprescindível que haja um esforço compartilhado por todos para que suas atitudes sejam compatíveis com as competências essenciais. Os clientes precisam perceber essas competências no comportamento dos funcionários, ou seja, estes precisam ser *fiéis representantes* das estratégias competitivas de sua empresa.

É nesse contexto que encontramos um grande desafio para os funcionários que atuam mais diretamente na gestão de pessoas: conscientizar todos os profissionais envolvidos no negócio de que o sucesso da organização não está nas mãos de meia dúzia de dirigentes, mas, sim, nas de todos que, direta ou indiretamente, estão envolvidos com a materialização da estratégia empresarial, ou seja, nas mãos dos funcionários, fornecedores e parceiros.

Para o cliente, não importa se quem está lhe prestando o serviço é funcionário, parceiro ou fornecedor. Para ele, todos são a empresa. Logo, a responsabilidade pela tangibilidade das competências essenciais é de todos.

Assim, cabe à empresa identificar as competências organizacionais, bem como mapear as competências funcionais que deverão estar alinhadas àquelas. Nunca é demais relembrar que as competências essenciais devem ser desenvolvidas em todos os profissionais que compõem a cadeia de produção, comercialização, distribuição, entrega e pós-venda dos produtos e serviços. São responsáveis por saber como fazer, saber fazer e, principalmente, ser. As competências essenciais orientam *como desempenhar* funções e *como ser* esses profissionais.

Mas como mapear as competências funcionais? Os profissionais precisam compreender e participar das seguintes tarefas:

❑ descrever as atividades diárias e eventuais a serem executadas;
❑ definir os desafios, oportunidades e ameaças inerentes à função (incluindo recursos materiais e tecnológicos);
❑ identificar e analisar a qualificação necessária (conjunto de competências), ou seja, as competências específicas à função (conjunto de conhecimentos e habilidades indispensáveis para o desempenho funcional — pré-requisitos e conhecimentos específicos, técnicos) que as atividades exigem e exigirão no futuro;
❑ mapear a matriz de competências.

Descrever as atividades diárias e eventuais a serem executadas

Os profissionais devem ser capazes de definir e descrever em detalhe as atividades que executam. Devido à dificuldade de explicitar o que se faz automaticamente, mas que é fundamental para que se atinjam os objetivos organizacionais, recomenda-se que essa etapa seja realizada não por um funcionário, mas pelo maior número de profissionais que executam as mesmas atividades.

Definir os desafios, oportunidades e ameaças inerentes à função

A tarefa de definição dos desafios, oportunidades e ameaças inerentes às funções é fundamental para que as atividades possam se adaptar às novas exigências das competências essenciais, identificadas, na agenda de competências, como necessárias para que a empresa possa ampliar seus negócios e manter sua posição estratégica.

Essa tarefa também oferece aos profissionais de RH informações e conhecimentos indispensáveis para a elaboração de políticas de captação e seleção de talentos, de remuneração e reconhecimento, avaliação de desempenho e educação continuada, entre outras.

Identificar e analisar a qualificação necessária às atividades

Após a descrição das atividades e a definição dos desafios, oportunidades e ameaças inerentes à função, faz-se necessário identificar e analisar o conjunto de conhecimentos técnicos, específicos para o excelente desempenho profissional.

Mapear a matriz de competências

Esta última tarefa consiste na elaboração de uma matriz de competências para a função analisada, considerando os conhecimentos técnicos e específicos para a execução das atividades e os conhecimentos, habilidades e atitudes identificados como inerentes às competências organizacionais. A figura 4 oferece um panorama da dinâmica das competências.

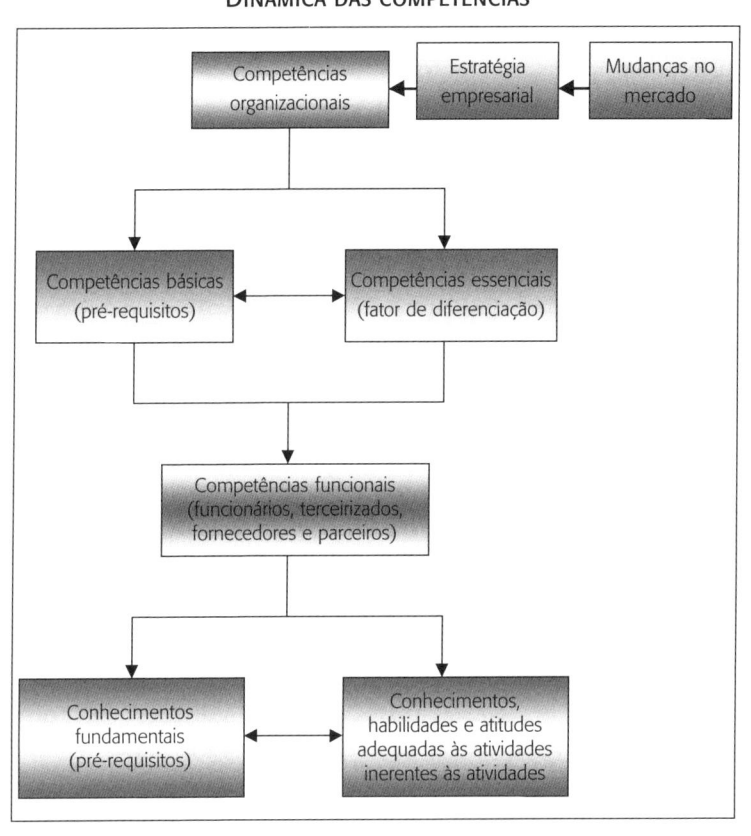

Figura 4

DINÂMICA DAS COMPETÊNCIAS

```
Competências organizacionais  ←  Estratégia empresarial  ←  Mudanças no mercado
         │
         ├──────────────────────┐
         ▼                      ▼
Competências básicas  ←→  Competências essenciais
(pré-requisitos)          (fator de diferenciação)
         │                      │
         └──────────┬───────────┘
                    ▼
         Competências funcionais
         (funcionários, terceirizados,
         fornecedores e parceiros)
                    │
         ┌──────────┴───────────┐
         ▼                      ▼
Conhecimentos          Conhecimentos,
fundamentais     ←→    habilidades e atitudes
(pré-requisitos)       adequadas às atividades
                       inerentes às atividades
```

Pudemos observar, nesses dois capítulos, que o vertiginoso desenvolvimento científico e tecnológico vem expandindo as fronteiras do conhecimento, questionando verdades, derrubando mitos, construindo novas crenças, ultrapassando os limites dos espaços geográficos e sociais e gerando uma multiplicidade de informações de difícil assimilação pelo ser humano. O resultado mais visível deste processo de transformações tem sido a rápida redução do prazo de validade do conhecimento aplicado, obrigando as organizações a reverem continuamente suas estratégias de desenvolvimento e crescimento organizacional e de atração e manutenção de clientes. Para tanto, as competências organizacionais e funcionais devem ser reavaliadas e desenvolvidas em seus funcionários, parceiros e fornecedores na mesma intensidade em que ocorrem as mudanças de mercado, como na figura 4.

Esse panorama de mudanças contínuas e frenéticas vem obrigando as empresas a rever suas políticas de gestão de pessoas. A parábola a seguir mostra a velocidade que as empresas precisam impor para manter-se competitivas.

> Dois executivos caminhavam na selva quando se depararam subitamente com um tigre furioso. O executivo asiático abriu sua maleta e calçou um par de tênis de corrida. O executivo ocidental disse: "Você está maluco! Não pode correr mais que um tigre". O asiático respondeu: "Não, mas posso correr mais do que você".

O provérbio "Os últimos serão os primeiros" doravante será substituído por: "Os últimos serão devorados". O que importa é competir e chegar primeiro; caso contrário, a derrota pode ser fatal. Para não serem devoradas rapidamente, as empresas vêm repensando suas políticas de gestão de pessoas, em especial as de captação e seleção de talentos. Estas vêm sendo consideradas por alguns gestores como um conjunto de ações preventivas, uma vez que visa atrair e selecionar profissionais que já possuem algumas competências organizacionais e técnicas necessárias para o sucesso organizacional, conforme será analisado no capítulo a seguir.

3

Gerenciamento de talentos

Os princípios da organização burocrática estão sendo revistos, em face da necessidade da geração de processos de inovação nas empresas. As práticas tradicionais de gerenciamento de pessoas atendiam plenamente à rígida divisão de funções e tarefas, às linhas de autoridade e responsabilidades bem-definidas e ao foco no controle (Coopers e Lybrand, 1997). Esses princípios, contudo, estão desaparecendo nas empresas modernas. Modelos flexíveis, voltados ao trabalho em equipe, envolvendo a noção de gestão flexibilizada de pessoas descrita no capítulo 1, estão sendo adotados pelas empresas.

Ora, se as estruturas e os processos organizacionais estão sendo flexibilizados, o desafio passa a ser, então, a concepção de técnicas e instrumentos compatíveis com o modelo preconizado. Ilustrar as alternativas que vêm sendo implementadas pelas empresas modernas é o objetivo deste capítulo, que tratará de captação e seleção, manutenção (remuneração e reconhecimento), avaliação de desempenho de talentos e certificação de competências.

Captação e seleção de talentos

Todos nós, com certeza, já passamos ou conhecemos alguém bem próximo que tenha passado por um processo de captação e seleção. É, sem dúvida, um momento marcado pela ansiedade. De um lado, está a organização ansiosa por localizar, atrair e selecionar pessoas com competências adequadas ao negócio; de outro, os candidatos desejosos de serem os eleitos. Portanto, captação e seleção caracterizam-se por ser um processo de mão dupla, que envolve muitas pessoas: parentes, amigos e os futuros companheiros de trabalho. Todos estão observando, torcendo, lamentando, avaliando e justificando as escolhas.

Saber atrair e selecionar pessoas certas para lugares certos é o que teóricos, dirigentes e gestores de pessoas almejam desde a Revolução Industrial. Vários são os artigos e livros que prometem alcançar esse resultado. É crescente o número de obras de auto-ajuda que visam oferecer aos candidatos dicas de como conquistar um "ótimo emprego". Revistas especializadas "ensinam" como os candidatos devem se vestir, comportar e falar; como responder a um conjunto de questões, a testes de inteligência, de personalidade e de aptidões. O mais interessante é que esses títulos vendem — e como — a ponto de se tornarem verdadeiros *best sellers*!

Observe agora um exemplo que ilustra os aspectos citados: uma indústria, situada no Rio de Janeiro, resolveu inovar seu processo de seleção para o cargo de engenheiro de produção. Levou os candidatos para um final de semana em uma fazenda afastada da cidade e lá eles puderam participar de várias atividades, como jogos de futebol, tênis e pingue-pongue. Também foi oferecido um churrasco, com direito a chope e refrigerantes. Havia piscina e um grande campo verde. Os candidatos foram orientados a agir naturalmente. Você acha que eles se comportaram naturalmente? Você se comportaria? Pois bem, João, um dos candidatos, relata sua vivência:

> — Eu havia lido numa revista especializada que o futebol era um esporte coletivo e que os jogadores eram pessoas que sabiam trabalhar em equipe. O mais triste é que eu era "um perna-de-pau". Fiquei pensando: será que os avaliadores iriam achar que eu tinha dificuldades para trabalhar em equipe, caso não participasse do futebol? E se eu jogasse tênis? Nesse esporte eu era bom. Mas a vaga é para um cargo operacional, e não gerencial, logo, o ideal era o futebol. Tênis é um jogo individualista. E quanto ao chope? Eu detesto. Isso poderia ser um ponto a meu favor, ao final não pensariam que eu era alcoólatra. O churrasco? Esse eu adorava. Mas, uma vez ouvi um "especialista" afirmar que a carne vermelha deixava as pessoas nervosas. Comer ou não? Eis a questão.

O sofrimento de João só terminou quando ele resolveu que deveria ser ele mesmo. Sorte dele; conseguiu o emprego.

Tanto interesse pelo tema deve-se à constatação, pelas empresas, de que a captação e seleção de talentos são uma das mais importantes chaves para o seu sucesso (Nóbrega e Ferruccio, 2002).

O processo de captação e seleção de talentos define-se como um conjunto de atividades que visa atrair e selecionar pessoas adequadas às diversas funções de uma organização. Essas atividades devem estar alinhadas às políticas e diretrizes emanadas do nível estratégico, as quais, por sua vez estão subordinadas às "leis do mercado", aos cenários projetados e à legislação trabalhista.

Portanto, observa-se que o processo de captação e seleção demanda uma análise minuciosa dos passos a serem dados, desde o momento da atração de candidatos até a contratação dos selecionados. Qualquer mal-entendido pode repercutir negativamente na imagem da organização. Trata-se do início da cadeia operacional da gestão de pessoas, o ponto de partida para o sucesso empresarial.

É importante ressaltar que não há fórmulas mágicas para atrair e selecionar pessoas adequadas. Cada organização possui características, especificidades, estratégias competitivas e competências essenciais próprias que devem ser consideradas durante o planejamento e a execução desse processo.

Você acredita que um profissional considerado excelente na empresa X o será também em qualquer empresa? Aí se encontra um dos desafios da captação e seleção de talentos. Para enfrentar esse desafio e torná-lo uma grande oportunidade de crescimento e desenvolvimento organizacional, as empresas precisam utilizar técnicas e instrumentos para minimizar os possíveis erros de contratação. Não obstante, é fundamental que as empresas considerem:

- competências essenciais e funcionais adequadas à sua realidade empresarial (conforme analisadas no capítulo 2);
- o tipo de vínculo afetivo — positivo ou negativo — que os candidatos estabelecem com as tarefas;
- a probabilidade de os futuros profissionais compartilharem valores, crenças e princípios da cultura organizacional;
- semelhanças e diferenças pessoais e profissionais entre candidatos e atuais funcionários.

De forma resumida, o "segredo" está em selecionar profissionais que:

- possuam as competências adequadas ao cargo e à organização;
- gostem do que fazem (estabelecem vínculo afetivo positivo com as atividades que executam);
- se identifiquem com seus companheiros de trabalho e com os valores da organização.

A importância dessas considerações reside no favorecimento dos processos de inovação, quebra de modelos mentais, construção de objetivo comum e desenvolvimento de visão sistêmica (Senge, 1990). Dessa forma, o processo de captação e seleção, integrado às demais dimensões funcionais do gerenciamento de talentos, contribui para o sucesso empresarial.

Cabe ainda destacar que as empresas deverão alinhar suas expectativas às dos candidatos. Caso contrário, terão pessoas frustradas, insatisfeitas e desmotivadas e estarão desperdiçando tempo e dinheiro. Quanto mais as organizações puderem atender às expectativas de seus funcionários, maior será o nível de satisfação destes, e vice-versa; assim, todos ganham.

O processo de captação e seleção de talentos apresenta-se, portanto, como preventivo, na medida em que visa atrair e selecionar candidatos com maior probabilidade de alinhar suas expectativas às da organização. A seguir, vamos acompanhar as etapas desse processo.

Captação de talentos

A captação, ou recrutamento, de talentos trata da identificação e atração de um grupo de candidatos, entre os quais serão escolhidos os que apresentam conhecimentos, habilidades e atitudes adequados às posições oferecidas por uma determinada empresa.

A captação de candidatos não diz respeito apenas às suas qualificações; é, também, um canal de informação e de construção de imagem organizacional. Os candidatos desejam informações acerca da empresa e vice-versa. Nessa comunicação, o mercado vai construindo ou mantendo a imagem da empresa.

Um processo justo, com regras e critérios claros e conhecidos por todos, é fundamental para que a empresa seja percebida como ética, honesta e respeitosa com os candidatos.

A captação de candidatos também pode ser pensada como um momento de sedução: os candidatos apresentam suas competências e a empresa suas qualidades. Dessa forma, a empresa atrai candidatos adequados, potencialmente qualificados para suas necessidades e os participantes conhecem os encantos da empresa.

O processo de captação, na perspectiva de Milkovich e Boudreau (2000), é ilustrado na figura 5.

Figura 5

PROCESSO DE CAPTAÇÃO OU RECRUTAMENTO

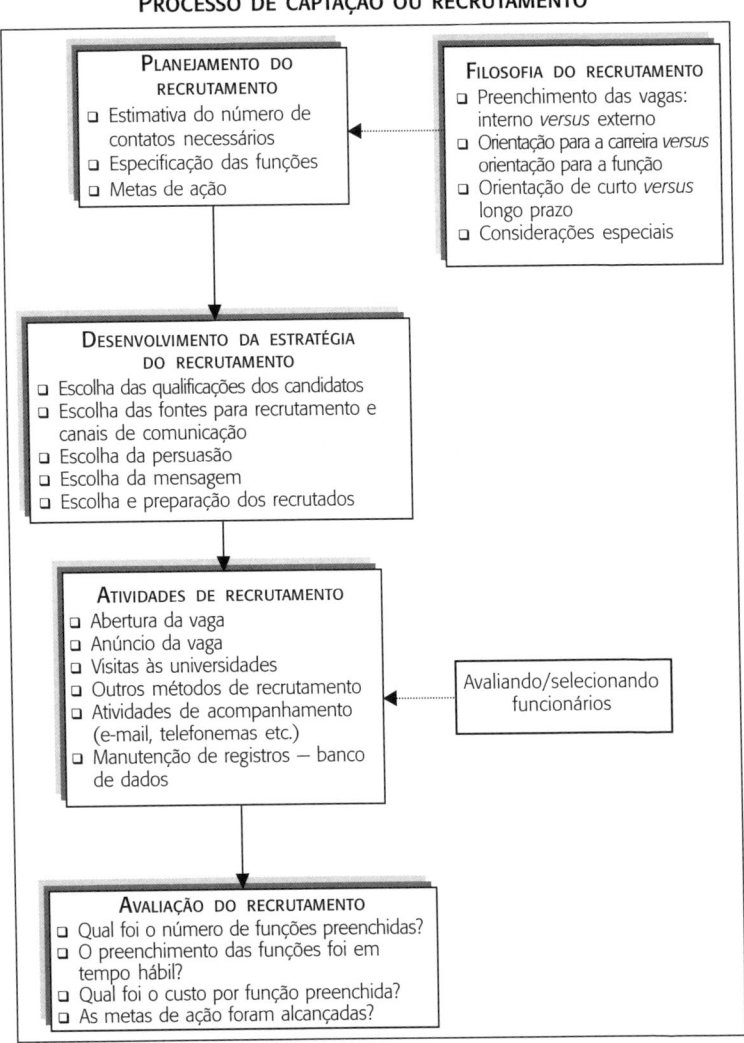

PLANEJAMENTO DO RECRUTAMENTO
- Estimativa do número de contatos necessários
- Especificação das funções
- Metas de ação

FILOSOFIA DO RECRUTAMENTO
- Preenchimento das vagas: interno *versus* externo
- Orientação para a carreira *versus* orientação para a função
- Orientação de curto *versus* longo prazo
- Considerações especiais

DESENVOLVIMENTO DA ESTRATÉGIA DO RECRUTAMENTO
- Escolha das qualificações dos candidatos
- Escolha das fontes para recrutamento e canais de comunicação
- Escolha da persuasão
- Escolha da mensagem
- Escolha e preparação dos recrutados

ATIVIDADES DE RECRUTAMENTO
- Abertura da vaga
- Anúncio da vaga
- Visitas às universidades
- Outros métodos de recrutamento
- Atividades de acompanhamento (e-mail, telefonemas etc.)
- Manutenção de registros – banco de dados

Avaliando/selecionando funcionários

AVALIAÇÃO DO RECRUTAMENTO
- Qual foi o número de funções preenchidas?
- O preenchimento das funções foi em tempo hábil?
- Qual foi o custo por função preenchida?
- As metas de ação foram alcançadas?

Fonte: Milkovich e Boudreau, 2000:164.

A figura 5 mostra que o recrutamento já é um passo inicial para a seleção propriamente dita. Funciona como uma primeira peneira. Suas atividades afetam a busca de candidatos e, conseqüentemente, a definição de quem irá ou não ocupar as posições oferecidas. Segundo Milkovich e Boudreau (2000:173),

> *Uma organização pode tentar atrair a nata dos profissionais, fixando exigências muito rígidas e gastando bastante tempo e dinheiro ao procurar pelos melhores. Por outro lado, em função das condições de mercado ou da vontade de reduzir custos, a organização pode optar por candidatos de mais baixa qualificação, gerando assim um grupo maior de postulantes.*

A decisão sobre quão rígido ou não deve ser o processo de captação dependerá do equilíbrio entre os custos de uma procura mais detalhada e os benefícios da maior qualidade obtida. O prazo para o preenchimento de posições e os recursos materiais, tecnológicos e humanos disponíveis para o processo também devem ser considerados nessa decisão. Por exemplo: se uma empresa possui uma verba disponível para a captação de candidatos e um prazo reduzido, ela pode, ao contrário do exposto por Milkovich e Boudreau (2000), optar por recrutar profissionais com alta qualificação, diminuindo, dessa forma, o número de candidatos que passarão para a etapa da seleção propriamente dita.

Cabe o alerta: nem sempre o *mais qualificado* é necessariamente *o mais adequado* à posição. Um funcionário muito qualificado que percebe seu trabalho como subemprego certamente será um funcionário desmotivado, desinteressado e, como conseqüência, poderá produzir pouco, sentir-se infeliz e contagiar seus companheiros de trabalho.

O processo de captação de talentos pode ser realizado interna ou externamente à organização. A organização que opta pela captação de talentos internamente deve ter a certeza de que há candidatos com as competências requeridas para o cargo. Caso contrário, o fato de que ninguém da empresa preencheu a vaga pode ser avaliado pelos funcionários como falta de oportunidade de crescimento, descrença da organização em relação a seus potenciais humanos etc. Por outro lado, quando a empresa seleciona candidatos que já são funcionários, o processo é percebido como um estímulo ao crescimento profissional.

A opção pela captação externa é percebida, pela maioria das empresas, como uma estratégia de agregar valor à organização, uma vez que traz para o corpo funcional pessoas com idéias e competências novas. Em contrapartida, a exclusão dos funcionários do processo pode suscitar o sentimento de ser preterido, provocando desmotivação e insatisfação.

Seleção de talentos

Depois da captação vem a etapa correspondente à seleção propriamente dita, que pode ser definida como um conjunto de atividades de coleta e utilização de informações sobre os candidatos recrutados para comparação e escolha.

Vem aumentando a participação de profissionais das áreas solicitantes em vários momentos do processo seletivo. Essa participação, contudo, deve ser precedida de um preparo, a cargo do profissional de RH, que passa a ocupar e a desenvolver a função de consultor interno, em consonância com os papéis preconizados por Ulrich (1998).

Todavia, não devemos esquecer que ninguém conhece mais do que os próprios funcionários, as responsabilidades, os desafios, as oportunidades e os obstáculos das atividades executadas diária ou eventualmente.

Freqüentemente, os profissionais de RH utilizam técnicas específicas para conduzir a seleção, auxiliando os demais membros da equipe envolvidos no processo a interpretar os resultados. Asseguram, assim, a obtenção das metas dos funcionários e da empresa, respeitando a legislação vigente.

As técnicas empregadas incluem: análise de currículos; testes de conhecimentos gerais e específicos, de inteligência, de aptidão e de personalidade; dinâmicas; entrevistas coletivas ou individuais. O avanço da tecnologia da informação e o uso cada vez maior da internet vêm trazendo novas ferramentas e oportunidades de seleção.

O planejamento de uma estratégia de seleção envolve as seguintes decisões, segundo Milkovich e Boudreau (2000):

❑ Que critérios e evidências serão usados no julgamento das informações sobre os candidatos?
❑ Que técnicas específicas de coleta de informação serão utilizadas?
❑ Como a informação será usada dentro do processo seletivo?
❑ Como medir os resultados da seleção?

O planejamento de uma estratégia de seleção tem como primeiro passo o diagnóstico de todo o ambiente de trabalho, abrangendo a análise das funções, das estratégias organizacionais e do momento de vida da organização. O segundo passo consiste na identificação das competências organizacionais e funcionais, assim como dos valores, crenças, motivações e, conseqüentemente, do perfil ideal dos novos funcionários. O passo seguinte à identificação do perfil ideal é a estruturação dos ritos de passagem, ou seja, dos instrumentos de seleção, de modo que tanto a empresa quanto os candidatos possam testar seu ajustamento. O último passo consiste em reforçar a integração indivíduo-organização no trabalho.

A figura 6 sistematiza os passos necessários ao planejamento de uma estratégia de seleção.

Figura 6

PASSOS NO PLANEJAMENTO DE UMA ESTRATÉGIA DE SELEÇÃO EXTERNA

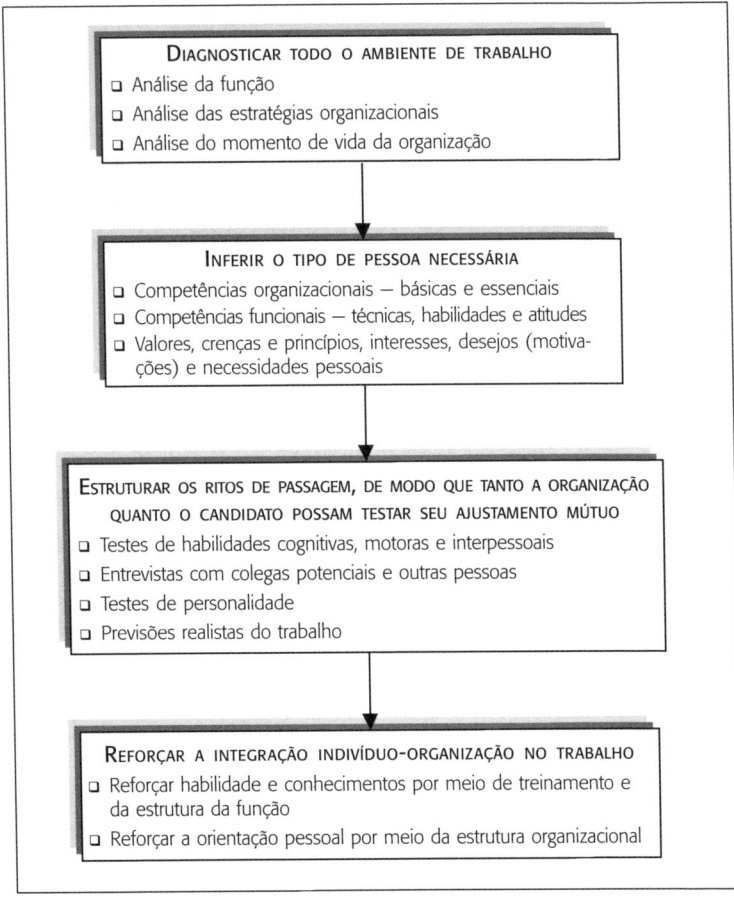

DIAGNOSTICAR TODO O AMBIENTE DE TRABALHO
- Análise da função
- Análise das estratégias organizacionais
- Análise do momento de vida da organização

↓

INFERIR O TIPO DE PESSOA NECESSÁRIA
- Competências organizacionais – básicas e essenciais
- Competências funcionais – técnicas, habilidades e atitudes
- Valores, crenças e princípios, interesses, desejos (motivações) e necessidades pessoais

↓

ESTRUTURAR OS RITOS DE PASSAGEM, DE MODO QUE TANTO A ORGANIZAÇÃO QUANTO O CANDIDATO POSSAM TESTAR SEU AJUSTAMENTO MÚTUO
- Testes de habilidades cognitivas, motoras e interpessoais
- Entrevistas com colegas potenciais e outras pessoas
- Testes de personalidade
- Previsões realistas do trabalho

↓

REFORÇAR A INTEGRAÇÃO INDIVÍDUO-ORGANIZAÇÃO NO TRABALHO
- Reforçar habilidade e conhecimentos por meio de treinamento e da estrutura da função
- Reforçar a orientação pessoal por meio da estrutura organizacional

---

Fonte: Milkovich e Boudreau, 2000:164.

Após a captação e a seleção de talentos, resta à organização elaborar programas e projetos que mantenham esses novos profissionais satisfeitos e motivados, estabelecendo relações amistosas e compartilhando valores e visões em todos os níveis organizacionais. Esses são, sem dúvida, grandes desafios para o gerenciamento de talentos. Para tanto, as empresas dispõem de sistemas de desempenho e de reconhecimento e remuneração.

Sistemas de reconhecimento e remuneração

Os sistemas de reconhecimento e remuneração, atualmente em revisão, foram criados para um modelo de empresa que está em extinção: o burocrático. Dessa forma, o grande desafio está em transformar a visão usual da remuneração como fator de custo em visão da remuneração como fator de aperfeiçoamento da organização, ou seja, impulsionador de processos de melhoria e aumento de competitividade.

Adicionalmente, há que se respeitar o alerta de Hanashiro e Marcondes (2002): os indivíduos atualmente se prendem menos por laços de aceitação da legitimidade da autoridade e mais por um relacionamento de parceria. Dessa forma, a retenção de um funcionário exige reflexões na forma de se fazer a gestão de pessoas nas empresas. Essa premissa é compartilhada por Mendonça (2002), que destaca a importância da aprovação dos superiores e pares para despertar nos talentos a percepção de que suas contribuições estão compatíveis com os desejos e objetivos dos dirigentes.

O reconhecimento

A eficácia do reconhecimento reside em despertar no funcionário o orgulho por ter sido escolhido e por receber a atenção de seus companheiros de trabalho, reforçando, dessa forma, o alcance dos objetivos da empresa. A aprovação aumenta a auto-estima e a motivação para fazer um trabalho bem-feito, componentes essenciais no processo de manutenção de talentos. Entretanto, os não-escolhidos podem se sentir desmotivados, apresentar baixo rendimento e, conseqüentemente, vir a desligar-se da organização.

Dessa forma, "embora toda recompensa embuta uma forma de reconhecimento é preciso que o talento o perceba, para que surjam os efeitos desejados" (Mendonça, 2002:169). Logo, o valor de um reconhecimento se encontra na mensagem, não no valor da recompensa.

A eficácia de um sistema de reconhecimento se concretiza quando os talentos percebem a correlação de seus esforços com os benefícios que recebem. As empresas alinhadas com as novas formas de reconhecimento e remuneração de seus talentos vêm elaborando um conjunto de mecanismos tais como: prêmio em viagem; participação em comissões técnicas representando a gerência ou a empresa; elogios por escrito; "destaque do mês"; participação na patente; título ou função de consultor; recompensas financeiras; programa de autopromoção salarial (o funcionário decide o seu salário); bolsas de estudo; participação em congressos; oportunidade de ministrar aulas (Mendonça, 2002:178-80).

Esses mecanismos podem vir a ser estruturados na forma de remuneração estratégica (que será vista no item a seguir). Embora tal tipo de remuneração ainda esteja circunscrito a um universo empresarial restrito, Hanashiro e Marcondes (2002) observam um crescimento na sua adoção, com o objetivo de superar algumas das limitações do sistema tradicional de salários, focado na remuneração fixa (salário e benefício). Coopers e Lybrand (1997), em consonância com os autores mencionados, apresentam uma análise comparativa entre os fundamentos dos sistemas tradicionais e modernos, apresentada no quadro 2.

Quadro 2
ANÁLISE COMPARATIVA ENTRE OS FUNDAMENTOS DOS SISTEMAS TRADICIONAIS E MODERNOS

Item	Fundamentos dos sistemas tradicionais	Fundamentos dos sistemas modernos
Estrutura organizacional	❏ Hierarquia rígida ❏ Muitos níveis hierárquicos ❏ Ascensão salarial por meio de promoções	❏ Modelos flexíveis, células ❏ Poucos níveis hierárquicos ❏ Ascensão salarial por meio do desenvolvimento profissional
Amplitude de ação	❏ Restrita e bem definida	❏ Ampla e pouco definida ❏ Variável em função do perfil do profissional
Definição de responsabilidades	❏ Clara	❏ Difusa ❏ Orientação por meio da visão e de objetivos comuns
Processo decisório	❏ Papéis e forma de tomada de decisão bem definidos	❏ Contingencial
Estratégia	❏ Planejamento executado pela cúpula com apoio de um grupo de especialistas	❏ Participação de todos na gestão estratégica, orquestrada pelos gerentes de negócios
Estilo gerencial	❏ Grande distância líder-liderado ❏ Valorização da obediência, estabilidade e conformidade	❏ Pequena distância líder-liderado (líder como *coach*) ❏ Valorização da adaptabilidade e disposição para mudança

Fonte: adaptado de Coopers e Lybrand, 1997.

A análise comparativa apresentada por Coopers e Lybrand permite identificar as limitações dos sistemas tradicionais de remuneração:

❏ inflexibilidade — tendência a tratar coisas diferentes de forma homogênea; não consideram as peculiaridades de empresas, áreas ou funções;

- falsa objetividade — a aparente racionalidade mascara uma visão reducionista da realidade organizacional; a organização é retratada pelo organograma formal;
- metodologia desatualizada — os sistemas são trabalhosos, inflexíveis e pouco ágeis;
- conservadorismo — reforçam a estrutura burocrática, privilegiando as ligações hierárquicas em detrimento do foco nos processos críticos e no cliente;
- anacronismo — representam entraves à evolução do processo de mudança;
- divergência — não consideram a visão de futuro e a orientação estratégica da organização, dificultando a convergência de esforços para objetivos comuns.

Sistemas de remuneração estratégica

Segundo Lopes (2002), o conceito de remuneração por habilidades e competências surge na década de 1960, nos EUA e no Canadá, com a Procter & Gamble Co. e se difunde por outras organizações. A partir dos anos 1970, outras empresas começam a desenvolver esse novo conceito de remuneração, objetivando aliar as estratégias organizacionais às políticas de recompensas no nível do desempenho de cada profissional.

Ainda segundo o autor, em 1979, a Petroquímica Shell, em Sarnia, Canadá, implanta o conceito de remuneração por habilidades e competências em todo corpo funcional. A partir dos anos 1980, o conceito difundiu-se em diversos setores — manufatura, serviços e comércio —, aumentando o interesse de novas empresas por tal sistema de remuneração.

Na opinião de Lopes (2002), o aumento da demanda por profissionais qualificados nos diversos setores da economia incentivou o desenvolvimento de novas habilidades técnicas para atividades emergentes, destaque feito aos setores de informática e biotecnologia. Informa o autor que, em 1993, uma pesquisa conduzida por Edward Lawler III constatou que 12% das empresas na lista das mil maiores da revista *Fortune* aplicavam alguma forma de remuneração baseada em habilidades de seus funcionários.

No Brasil, esse conceito é introduzido em 1995. A Dupont e a Copesul são as pioneiras a implantar um sistema de remuneração baseado em competências e habilidades (Coopers e Lybrand, 1997; Lopes, 2002). A partir de então, diversas outras empresas começaram a procurar soluções criativas para remunerar seus funcionários. Surge nesse momento o conceito de remuneração estratégica.

Segundo Coopers e Lybrand (1997), o sistema de remuneração estratégica encerra uma combinação equilibrada de diferentes formas de remuneração:

- remuneração funcional — determinada pela função e ajustada ao mercado;
- salário indireto — compreendendo benefícios e outras vantagens;
- remuneração por habilidades ou por competências — determinada pela formação e capacitação dos funcionários;
- remuneração variável — vinculada a metas de desempenho dos indivíduos, das equipes ou da organização;
- participação acionária — vinculada a objetivos de lucratividade da empresa e utilizada para reforçar o compromisso de longo prazo entre empresa e funcionários;
- alternativas criativas — incluindo prêmios, gratificações e outras formas especiais de reconhecimento.

A figura 7 faz uma comparação entre os sistemas tradicional e moderno de remuneração.

Figura 7
COMPARAÇÃO ENTRE OS SISTEMAS TRADICIONAL E MODERNO DE REMUNERAÇÃO

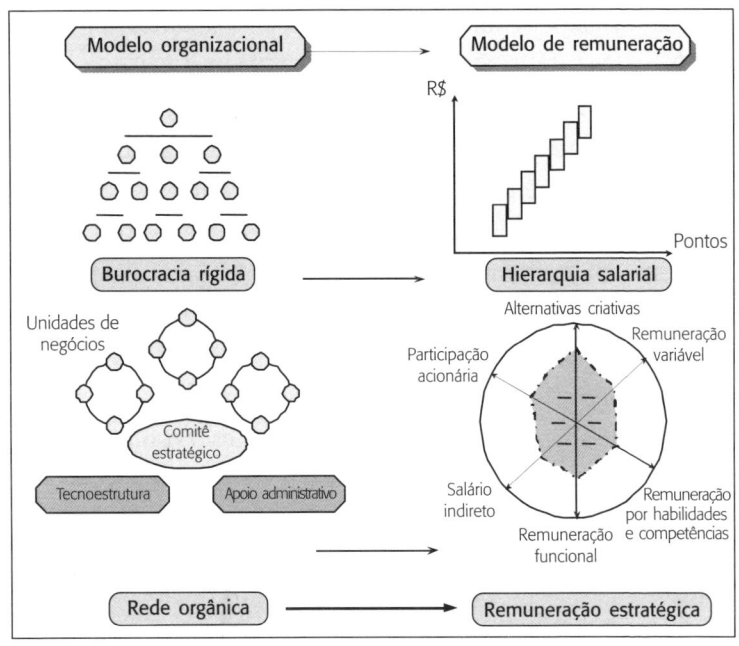

Fonte: Coopers e Lybrand, 1997:82.

Segundo o jornal *Valor Econômico* de 22 de agosto de 2001, grandes empresas no Brasil, como a Sabesp, Volvo, Copesul e Fundição Tupy, já começaram a implantar uma nova política salarial, baseada no conceito de remuneração estratégica.

Ainda segundo esse periódico, uma pesquisa feita por uma empresa de consultoria em 160 empresas — 80% de grande porte — revelou que, apesar de a remuneração funcional (por cargo) ainda ser a prática mais usual, a remuneração variável, baseada no desempenho por competências ou habilidades, vem sendo adotada por um número maior de empresas, em todos os níveis hierárquicos.

De acordo com a pesquisa, conceitos como remuneração por competências ou habilidades, remuneração variável, participação nos resultados, bônus, distribuição dos lucros, aliados a salário funcional, já faziam parte do cotidiano de 16% das 160 empresas pesquisadas no fim do primeiro semestre de 2001. O estudo revelou também que o salário funcional baseado em cargos ainda era utilizado por 80% das companhias, mas 4% delas já tinham optado por remunerar suas equipes apenas por suas habilidades ou competências. Ou seja, as empresas levaram em conta a capacitação dos profissionais. Os reajustes salariais daqueles que faziam uma carreira horizontal ocorreram pela aquisição de novas habilidades e competências.

A vantagem desse sistema está em transformar a administração de RH em gestão estratégica de pessoas (Coopers e Lybrand, 1997; Lopes, 2002), capacitando e flexibilizando os funcionários de acordo com a estrutura e as necessidades estratégicas da organização, substituindo o foco na função pelo foco na pessoa. O sistema busca desenvolver o indivíduo e a organização, características do conceito de gestão por competências. Dessa forma, os elementos centrais são as recompensas fundadas nas competências individuais, mensuradas por meio de sistemas de avaliação que permitam diferenciar os indivíduos com baixo e com alto desempenho (Sant'Anna, 2002).

A remuneração desempenha a importante função de condutora dos comportamentos especificamente direcionados aos objetivos empresariais. Segundo Hanashiro e Marcondes (2002), esses comportamentos devem ser retratados na política de remuneração das empresas. Ainda segundo esses autores, o dinheiro como ferramenta de estímulo comportamental tem suas limitações. As recompensas não-financeiras são valorizadas pelas pessoas e consagradas na literatura como fatores centrais da motivação humana. Temos de concordar que tais formas de recompensa devem fazer parte do pacote de remuneração, observando-se tanto o contexto quanto as condições socioeconômicas de cada indivíduo. Por conta disso, algumas empresas passaram a adotar o conceito de cardápio de benefícios — benefícios flexíveis —, na tentativa de personalizar o sistema de recompensas.

Evidências existem no sentido de que as pessoas não trabalham apenas visando ao resultado financeiro, mas também para alcançar níveis mais elevados de realização. Essa constatação implica que a "remuneração financeira apresenta-se limitada para cumprir o seu papel de retenção de talentos" (Hanashiro e Marcondes, 2002:5).

De acordo com Belcher (apud Hanashiro e Marcondes, 2002), as fontes de recompensas não-financeiras são associadas: ao trabalho, ao desempenho e à afiliação. Assim, podemos concluir com Hanashiro e Marcondes (2002:5) que:

> *a recompensa não-financeira depende menos de uma política formal da organização que uma atuação direta do gestor, o qual em uma interação com seu grupo possui (ou deveria possuir) sensibilidade para identificar os motivos que regem os comportamentos de cada uma das pessoas.*

Dessa forma, as recompensas são providas em larga escala tanto pelos indivíduos quanto pela própria atuação do gestor no ambiente de trabalho. Será que estamos preparados para enfrentar tal desafio?

Cabe, nesse momento, lembrar que o gerenciamento de talentos demanda a integração dos processos de captação e seleção, reconhecimento, remuneração e avaliação de desempenho. Convidamos agora o leitor a refletir sobre os desafios da avaliação de desempenho nas empresas modernas.

Avaliação de desempenho

A prática da avaliação, em seu sentido genérico, é inerente à natureza humana. Pode ser pensada como o exercício de análise e julgamento do mundo que nos cerca e das ações humanas. É a base para a apreciação de um fato, de uma idéia, de um objetivo ou de um resultado, e para a tomada de decisão sobre qualquer situação que envolve uma escolha (Lucena, 1995).

A apreciação de um fato e seu conseqüente julgamento sofrem influências dos valores e crenças de quem julga. Os valores e as crenças permitem julgar e identificar os comportamentos considerados adequados ao grupo. Para moldar esses comportamentos, os grupos possuem instrumentos de recompensa e punição. Sempre que um membro do grupo comporta-se adequadamente, é premiado ou, pelo menos, não é castigado, mas quando age de forma "incorreta", ele é punido. Assim, os grupos classificam os comportamentos e associam premiações para os excelentes e punições para os que devem ser rejeitados. O objetivo é oferecer aos que possuem maior poder de decisão no grupo — percebidos como superiores — *critérios normativos* que lhes permitam controlar o desempenho das pessoas (Coutinho, 1998).

Essa dinâmica de avaliação também se faz presente nas empresas. As organizações buscam atrair e selecionar os candidatos que compartilham de seus valores e crenças fundamentais, e utilizam sistemas de remuneração e reconhecimento para estimular e tentar garantir os desempenhos considerados adequados às suas realidades.

Entretanto, como as empresas não necessariamente possuem os mesmos valores e crenças, os critérios utilizados para julgar o certo e o errado também variam. Logo, estão ainda sem resposta questões como: "Quais as bases desse julgamento?"; "O que deve ser mudado?"; "O que se deve avaliar?".

Para Souza (2002), a base desse julgamento na maioria das empresas públicas ou privadas está em conceitos mecanicistas. A autora ainda afirma que um dos dogmas centrais do mecanicismo é a insistente busca do padrão e da objetividade, percebidos pelos dirigentes como elementos indispensáveis para exercer controle sobre os resultados empresariais.

Tradicionalmente, a avaliação de pessoas está associada à idéia de classificação da superioridade de uma pessoa em relação às demais, mediante a análise de seu desempenho profissional. Assim, "avaliar implica transformar a qualidade individual em um elemento que pode ser comparado de modo objetivo através de medidas justas" (Souza, 2002:40). De modo geral, a avaliação de desempenho tem sido utilizada para classificar, a partir de critérios normativos, quem, entre os avaliados, é o melhor e quem é o pior, estimulando, segundo a autora, um perigoso poder destrutivo, além de fomentar a competição entre os funcionários.

Essas práticas de avaliação excluem a criatividade, a iniciativa, a ousadia, elementos indispensáveis para enfrentar os desafios impostos pela eliminação das fronteiras comerciais, pela globalização e pelo acirramento da competitividade.

O panorama atual caracteriza-se pelas contínuas mudanças de padrões de comportamento pessoal, profissional, cultural e organizacional. Segundo Souza (2002), essas mudanças vêm exigindo das empresas níveis crescentes de excelência de resultados, com o único objetivo de garantir a vantagem competitiva. Para tanto, as organizações necessitam reformular seus modelos e práticas de gerenciamento de desempenho. Essa nova abordagem deve diferir profundamente da tradicional, mudando sua ênfase na *avaliação* para centrar-se na *análise*.

Para McGregor (apud Vroom, 1997), o primeiro passo para essa nova abordagem consiste na reformulação do papel dos funcionários no sistema de avaliação. Doravante, não serão mais avaliados somente por seus superiores; eles deverão fazer uma auto-avaliação, definindo e identificando, não apenas seus pontos fracos, mas seus pontos fortes e seus potenciais. Deixam de ser objetos passivos e passam a ser agentes ativos. Entretanto, para o sucesso dessa nova abordagem as práticas gerenciais precisam ser reformuladas (McGregor, apud Vroom, 1997:168):

> *O desenvolvimento eficaz dos gerentes não inclui coagi-los a aceitar as metas da empresa, nem implica manipular seu comportamento para adaptá-lo às necessidades da organização. Ao contrário, exige a criação de um relacionamento no qual os funcionários possam assumir responsabilidade pelo desenvolvimento de suas próprias potencialidades, planejar esse desenvolvimento e aprender colocando seus planos em práticas.*

Como ressalta o autor, a premissa básica é a de que o funcionário sabe identificar — ou pode aprender — suas próprias competências, necessidades, pontos fortes, pontos fracos e metas. Logo, só ele pode determinar o que é melhor para si. Assim, o papel dos superiores é o de ajudar o subordinado a relacionar seu desempenho às necessidades e à realidade da organização.

Outra característica relevante dessa nova abordagem é a ênfase dada ao futuro. O importante é definir metas realistas e oferecer formas eficazes para alcançá-las. A avaliação tem um fim *construtivo* (Vroom, 1997:171). Dessa forma, analisam-se o desempenho, as ações e as metas.

Portanto, pode-se pensar a avaliação de desempenho como um poderoso meio para identificar os potenciais dos funcionários, melhorar o desempenho da equipe e a qualidade das relações dos funcionários e superiores, assim como estimular os funcionários a assumir responsabilidade pela excelência dos resultados empresariais.

Em outras palavras, a avaliação de desempenho é um dos mais importantes instrumentos gerenciais de que a administração dispõe para analisar os resultados, à luz da atuação dos funcionários, e para prever posicionamentos futuros, a partir da avaliação dos potenciais de seus talentos. Ela colabora para a elaboração e o desenvolvimento de uma política de gerenciamento de talentos adequada às reais necessidades da organização.

A avaliação de desempenho objetiva, ainda:

❑ dar suporte para tomada de decisão sobre promoção, remanejamento, dispensa e identificação de talentos;
❑ identificar o incentivo mais adequado aos funcionários;
❑ estimular a produtividade;
❑ divulgar os padrões de desempenho da organização;
❑ oferecer *feedback* para o avaliado;
❑ avaliar a eficácia dos programas de RH.

A avaliação de desempenho apresenta, portanto, três dimensões importantes, distintas, porém complementares: ela é *ferramenta, meio e instrumento* (figura 8). Segundo Pilla e Savi (2002), como ferramenta propicia a visão sistêmica e holística das práticas de RH; na dimensão de meio, fornece dados que, registrados e processados, poderão subsidiar a tomada de decisão; como instrumento, auxilia o gerenciamento de talentos na organização.

Figura 8
DIMENSÕES DO SISTEMA DE AVALIAÇÃO DE DESEMPENHO

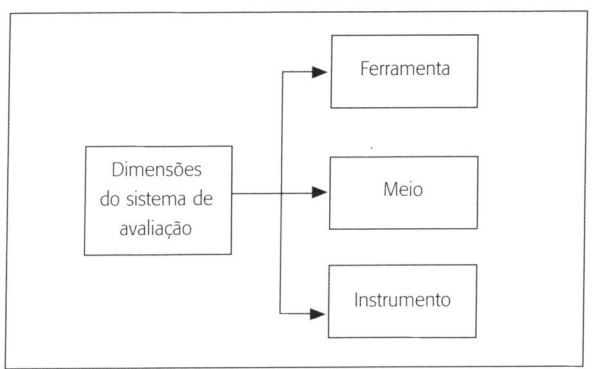

```
                              ┌──────────────┐
                          ┌──▶│  Ferramenta  │
                          │   └──────────────┘
┌──────────────┐          │   ┌──────────────┐
│  Dimensões   │          │   │              │
│ do sistema de├──────────┼──▶│    Meio      │
│  avaliação   │          │   │              │
└──────────────┘          │   └──────────────┘
                          │   ┌──────────────┐
                          └──▶│ Instrumento  │
                              └──────────────┘
```

Um sistema de avaliação deve conter as etapas visualizadas na figura 9: planejamento adequado aos objetivos e às estratégias organizacionais; cronograma de implantação; levantamento de recursos materiais e tecnológicos necessários; treinamento dos avaliadores; teste-piloto para os ajustes que se fizerem necessários ao sistema; avaliação dos resultados; elaboração de novas estratégias de gerenciamento de talentos; integração aos sistemas de informação da empresa.

Figura 9
ETAPAS DE UM SISTEMA DE AVALIAÇÃO DE DESEMPENHO

```
┌──────────┐    ┌──────────┐    ┌────────────────┐
│ Planejar │ ⟹ │Implantar │ ⟹ │Alocar recursos │
└──────────┘    └──────────┘    └────────────────┘
                                        ⇕
                         ┌─────────┐  ┌──────────────┐
                         │ Treinar │⇔│   Realizar   │
                         └─────────┘  │ teste-piloto │
                                        ⇕└──────────────┘
┌────────────┐  ┌──────────────┐   ┌──────────┐
│Integrar aos│  │  Elaborar    │   │ Avaliar  │
│sistemas de │⇐│ estratégias de│⇐│resultados│
│ informação │  │desenvolvimento│  └──────────┘
└────────────┘  └──────────────┘
```

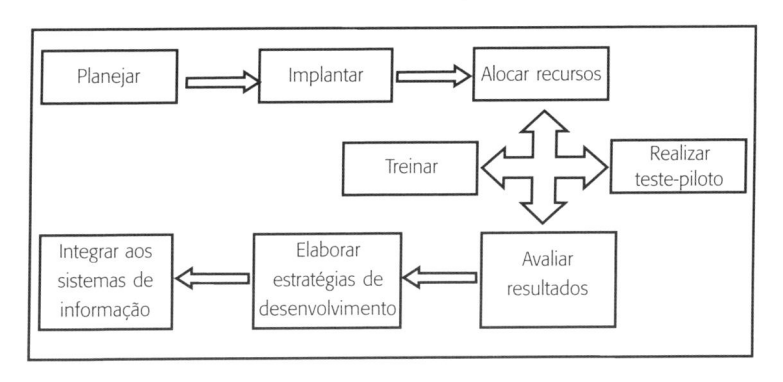

O sistema de avaliação deve responder às seguintes questões:

- Qual o objetivo da avaliação?
- Quem será avaliado?
- Quem irá avaliar?
- Qual a técnica a ser utilizada?
- Quando?
- Qual a periodicidade da avaliação?
- Que indicadores ou fatores de desempenho serão utilizados?
- O que será feito com os resultados da avaliação?

Têm surgido diferentes formas de avaliação. A mais apreciada no momento é a avaliação 360°, que, apesar de difícil implementação, vem conquistando seu espaço na esfera administrativa.

Avaliação de desempenho 360°

A avaliação de desempenho 360°, segundo Gramigna (2002:132), é uma ferramenta composta por "uma rede de pessoas que emitem e recebem *feedback* de seus pares, subordinados, diretores, tornando possível a mudança de comportamento e o aprimoramento constante das competências". Os avaliadores, de acordo com Flannery (1997:235), "não podem simplesmente ser colegas com os quais os funcionários passam os intervalos. Devem ser indivíduos com os quais o funcionário tenha interação de negócios regulares e sobre os quais tenha impacto significativo".

Ainda segundo Gramigna (2002), essa forma de avaliação prevê a participação das pessoas que pertencem às cadeias produtivas interna e externa. Dessa forma, a avaliação de desempenho 360° atravessa as paredes da empresa e incorpora no processo avaliativo fornecedores e parceiros de negócio.

Como muitas mudanças organizacionais, a implementação da técnica de avaliação de desempenho 360° pode ser um choque, tanto para funcionários quanto para gestores. Utilizando a crítica como insumo principal, essa técnica pode despertar barreiras defensivas na interação das pessoas, bloqueando os possíveis benefícios dessa avaliação.

Até certo ponto, o comportamento defensivo é perfeitamente natural, pois as pessoas tendem a evitar — especialmente no ambiente organizacional — a vulnerabilidade, o embaraço e os riscos inerentes à eventual exposição de incompetência (Argyris, apud Ulrich, 2000). Para evitar esses inconvenientes, a avaliação 360° deve ser inserida e trabalhada de forma planejada e adotar a abordagem de análise proposta por McGregor (apud Vroom, 1997).

Avaliação de desempenho global

Outra forma de avaliação é a de desempenho global, na qual são avaliados concomitantemente funcionários, supervisores, grupos e setores/departamentos.

Avaliação de desempenho dos funcionários (avaliação funcional)

A avaliação do desempenho dos funcionários é de decisiva importância para a organização, uma vez que, para se manter competitiva, ela precisa de profissionais com competências para enfrentar as turbulências e as incertezas do mercado. Para isso, precisa estar continuamente investindo no aperfeiçoamento de seus talentos. A avaliação de desempenho funcional permitirá à organização identificar os pontos fortes e fracos e os potenciais dos funcionários, englobando, segundo Tachizawa, Ferreira e Fortuna (2001):

- a melhoria da produtividade;
- o potencial de desenvolvimento dos funcionários;
- a necessidade de treinamento;
- a adequação do indivíduo ao cargo e a possibilidade de aproveitá-lo em outro cargo ou em outras dependências;
- a eventual readaptação em face de um novo problema;
- a necessidade de incentivo salarial, promoção ou dispensa.

Para que a avaliação possa ser mensurável, é aconselhável que metas e indicadores de desempenho sejam estabelecidos para os funcionários. Os indicadores devem ser de fácil compreensão e grande objetividade, favorecendo a aceitação dos resultados e a auto-avaliação por parte dos funcionários.

É fundamental que a avaliação seja realizada em um clima de respeito e credibilidade. Os autores ressaltam a importância de avaliar os seguintes fatores:

- produtividade — quantidade de bens ou serviços produzidos pelo funcionário num determinado período, devendo-se efetuar uma comparação com os demais integrantes da equipe e com as metas definidas;
- iniciativa — atitudes tomadas diante de problemas ou situações, procurando a solução através de procedimentos conhecidos ou inovadores;
- cooperação — maneira de se conduzir diante do grupo, colocando-se à disposição para participar de outras atividades além das previstas;
- absenteísmo — ausência injustificada ao trabalho, ausências freqüentes, ainda que justificadas; ausência constante ao posto de trabalho, sem justificativa, mesmo que o funcionário esteja presente na organização;
- autodesenvolvimento — iniciativa para capacitar-se ou aperfeiçoar-se.

Não obstante, cabe alertar que muitas organizações que atuam de acordo com um processo estabelecido de avaliação funcional o fazem presas a um modelo arcaico no qual, anualmente,

> *atendendo a uma solicitação do departamento pessoal, supervisores preenchem um formulário de avaliação e, numa apressada reunião, o analisam em conjunto com o funcionário. Tal abordagem — que mede, de forma subjetiva, habilidades, objetivos, metas ou até mesmo características de personalidade do indivíduo, que enfatiza forma em detrimento a processo e que sempre acontece após o fato consumado — não é uma medida de desempenho justa nem adequada* (Flannery, 1997:233).

Para que essa avaliação seja eficaz, é necessário estruturar um processo em que a avaliação de desempenho dos funcionários seja vinculada a objetivos de negócios, desempenho planejado e pessoas motivadas e qualificadas, e em que os resultados individuais e de equipe sejam recompensados juntamente com as competências organizacionais — básicas e essenciais.

Avaliação de desempenho do supervisor

Até há pouco tempo, os supervisores não eram avaliados pelos seus subordinados. A avaliação de um supervisor pelos subordinados era vista como um desrespeito à sua autoridade. Atualmente, essa avaliação está sendo considerada de grande relevância. As empresas estão tomando consciência da importância do relacionamento dos funcionários com seu supervisor, para garantir um clima organizacional adequado à produtividade e ao alcance de metas e indicadores de desempenho.

Entretanto, recomenda-se que essa avaliação seja realizada em caráter individual, e não coletivo. Dessa forma, evitarse-á a influência de opiniões entre os funcionários. Tachizawa, Ferreira e Fortuna (2001) sugerem que os seguintes fatores sejam avaliados:

- criatividade — alternativas apresentadas para solucionar problemas e desafios;
- liderança — maneira como o supervisor orienta o trabalho de sua equipe;
- compreensão — capacidade de entendimento;
- orientação — ser "professor" do funcionário, ensinando-o a realizar suas tarefas;
- confiança — segurança inspirada nas relações com o funcionário.

Avaliação de desempenho do grupo

A avaliação de desempenho do grupo permitirá à empresa identificar a qualidade das relações interpessoais, possibilitando verificar a efetividade do processo produtivo e a participação de cada funcionário no produto ou serviço final. Toda equipe deve ser avaliada.

Avaliação de desempenho do setor ou departamento

Tachizawa, Ferreira e Fortuna (2001:212) definem setor como um conjunto de grupos de trabalho, e sua avaliação de desempenho oferece à empresa uma visão sistêmica de suas atividades. Os autores recomendam avaliar os seguintes fatores:

- prazo — observância do tempo fixado;
- custo — valor a ser atribuído pelo bem produzido ou serviço prestado;
- qualidade — conformidade e efetividade de um produto ou serviço.

A fim de garantir o sucesso do processo de avaliação, devem estar presentes um representante da alta gerência, o gerente do processo de gestão de pessoas, um especialista em avaliação de desempenho e, ainda, representantes do setor/departamento. Os resultados dessa avaliação devem ser informados a todos. Os ajustes que se fizerem necessários, identificados nos resultados da avaliação, demandarão um esforço coletivo, uma vez que cada funcionário é co-responsável pelo processo de melhoria contínua.

Um programa de avaliação de desempenho bem planejado, coordenado e desenvolvido traz benefícios a curto, médio e longo prazos para a organização, departamento, setor e para cada profissional. Dessa forma, destaca-se a importância do *feedback*. Cada empregado deverá ter pleno conhecimento de sua avaliação, a fim de que possa desenvolver seus pontos fortes e seus potenciais, bem como corrigir seus pontos fracos. A avaliação deverá ser comparada com as anteriores, possibilitando ao funcionário, se necessário, renegociar suas metas com seu superior.

Não há regras para se formular um sistema de avaliação de desempenho. Entretanto, as tendências atuais de avaliação sinalizam, segundo Souza (2002:50), para "a importância de um processo de acompanhamento para se obter informações úteis à tomada de decisões relativas ao reconhecimento e à valorização, utilizando-se de inúmeras fontes de avaliação ao invés do exclusivo julgamento pela chefia".

Contudo, alerta Souza (2002:53), para que essas tendências de avaliação possam se concretizar, as empresas precisam se precaver contra geradores de conflitos significativos, tais como:

❑ falta de informações sobre os rumos empresariais;
❑ pouco conhecimento do negócio e das necessidades do cliente;

- incompetência gerencial para estimular o alcance de metas;
- estabelecimento de indicadores de desempenho inadequados;
- inflexibilidade gerencial para reavaliar e renegociar metas e resultados;
- aplicação de critérios-padrão;
- dificuldade de ouvir o outro;
- incompetência para dar e receber *feedback*;
- falta de carreira construída em parceria;
- ausência do desejo de autodesenvolvimento;
- superdimensionamento de metas;
- medo de críticas, de ser rotulado, da exposição de pontos fracos, de assumir conseqüências, de punição e do fracasso, principalmente;
- ausência de reconhecimento.

Esses obstáculos refletem aspectos culturais que dificultam os avanços das práticas de gerenciamento de talentos, em especial as de avaliação de desempenho. A sistemática de avaliação é, sem dúvida, uma das maiores molas propulsoras para o desenvolvimento de competências indispensáveis às vantagens competitivas. Uma estratégia efetiva, adotada por empresas de alto desempenho na busca de competitividade, é a adoção de certificações de competências, conforme analisado a seguir.

Certificação de competências

A certificação de competências pode ser pensada como uma ponte entre a remuneração e a avaliação de desempenho, tendo como ponto de origem os processos de educação corporativa, que serão abordados no capítulo 4.

No que concerne à remuneração, Lopes (2002) e Coopers e Lybrand (1997) julgam que a criação de um sistema de remuneração por habilidades e competências implica a adoção de conceitos sobre:

- desenvolvimento de carreira;
- blocos de habilidades;
- certificação das habilidades;
- evolução dos custos na folha de pagamento.

No que tange ao desenvolvimento de carreira, a evolução profissional dar-se-á através da conquista e certificação de todas as habilidades do bloco. Outro fator determinante no número de certificações é o nível de polivalência ou a estratégia de desenvolvimento adotada pela empresa para o seu pessoal. Tal estratégia implica investimentos em treinamento, aumento da folha de pagamento e desempenho dos funcionários nas habilidades certificadas. Os níveis de alocação das habilidades em um bloco podem ser avaliados de acordo com estes fatores: nível de capacitação individual, nível de multifuncionalidade individual, estágios da carreira, remuneração atual e perspectivas da carreira (Lopes, 2002).

Com o conceito de certificação de competências — similar ao de certificação de sistemas de qualidade (Coopers e Lybrand, 1997) —, espera-se a aplicação da habilidade na prática, com os padrões adequados de segurança, qualidade e produtividade, garantindo a consistência ao sistema e transmitindo aos funcionários um sentimento de justiça (Lopes, 2002).

As práticas de certificação mais comuns são: observação *in loco*, provas escritas e testes práticos. Segundo Lopes (2002), em empresas tradicionais, as certificações são conduzidas pelos superiores imediatos ou por um especialista. Em empresas mais avançadas, utilizam-se comitês com a participação de pares e subordinados. Esse instrumento possibilita à empresa a otimização da alocação de pessoas segundo as necessidades dos processos. Como resultado, espera-se uma melhor visualização de carreira e seu planejamento. O processo de certificação pode ser visto na figura 10.

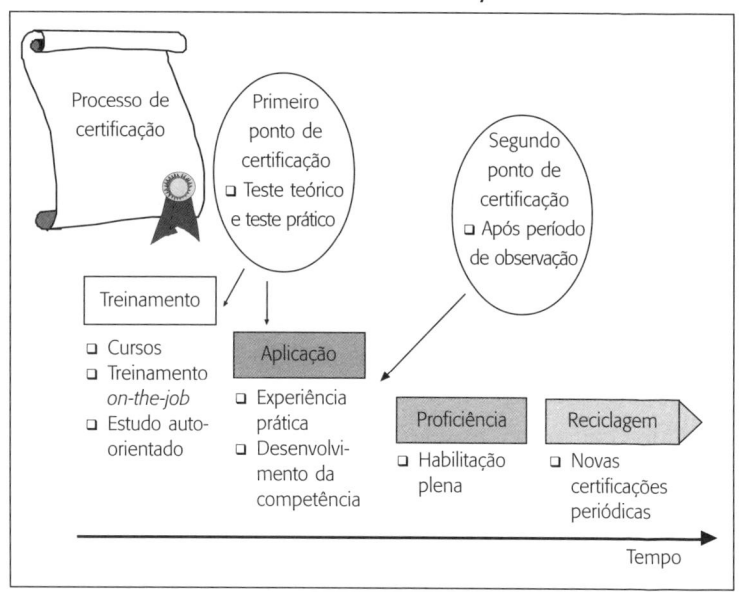

Figura 10
PROCESSO DE CERTIFICAÇÃO

Processo de certificação

Primeiro ponto de certificação
- Teste teórico e teste prático

Segundo ponto de certificação
- Após período de observação

Treinamento
- Cursos
- Treinamento on-the-job
- Estudo auto-orientado

Aplicação
- Experiência prática
- Desenvolvimento da competência

Proficiência
- Habilitação plena

Reciclagem
- Novas certificações periódicas

Tempo →

Fonte: Coopers e Lybrand, 1997:10.

Ainda segundo Lopes, deve-se considerar os aspectos legais na construção desse sistema, a fim de se minimizarem os riscos trabalhistas. Deve-se, ainda, atentar para a isonomia salarial, o acesso às carreiras, as formas de certificação, a composição da remuneração, o comprometimento da organização em relação ao plano de aprendizagem e desenvolvimento e o registro de acordos e formalizações nos órgãos competentes, envolvendo sempre os sindicatos (Coopers e Lybrand, 1997; Lopes, 2002).

O processo de certificação tem grande importância para o sucesso do gerenciamento de talentos. Igualmente importante, porém, é a contribuição dos processos de educação continuada para a efetividade das estratégias organizacionais, como será abordado no capítulo 4.

4

Aprendizagem e cultura organizacional

Como você já deve ter compreendido, o ambiente de trabalho atual passou a ser uma dinâmica de saberes e competências. Nessa perspectiva, as empresas buscam as pessoas que saibam explorar esse contexto construindo/desenvolvendo constantemente as práticas constitutivas do diferencial competitivo em relação à concorrência. Por isso, é conveniente conhecer as dimensões que tangenciam a possibilidade da criação de um ambiente onde tanto o conhecimento quanto a inovação sejam privilegiados. Este capítulo abrangerá as seguintes dimensões: gestão do conhecimento; treinamento e desenvolvimento; educação corporativa; cultura organizacional.

Gestão do conhecimento

O final do século passado nos deixou uma herança decerto fecunda, alertam Cocco, Galvão e Silva (2003): a transformação do regime de acumulação baseado na grande indústria e a emergência de novas formas produtivas. O que poderia parecer uma simples modificação no desenho da indústria — gestão de qualidade, gestão de estoque, terceirização e às vezes quarterização entre outras —, caracterizou-se como um deslocamento da função produtiva para atividades intelectuais. Os trabalhos relacionados à circulação e à inovação encontram-se no cerne dos processos produtivos da atualidade, distanciando-se da ordem fabril e do trabalho assalariado.

Esse deslocamento, sem dúvida, foi facilitado pelas crescentes tecnologias de informação e comunicação (TICs) que se aliaram aos processos produtivos, principalmente com os que dizem respeito à constituição de redes sociais e técnicas. Essas tecnologias telemáticas invadem e constroem territórios de produção, nos quais a cooperação e a sinergia entre os funcionários tornam-se indispensáveis. As TICs são determinantes, também, nas estratégias de comunicação elaboradas para o processo produtivo.

O que podemos deduzir dessas mudanças? As respostas são facilmente observadas: as indústrias estão cada vez mais terceirizadas enquanto os serviços tornam-se mais industrializados. O que queremos destacar, então, são os impactos dessas mutações para as políticas de gestão de pessoas, em especial nas políticas de crescimento e desenvolvimento organizacional. Verifica-se a falência da tradicional separação do funcionário de seus meios de produção, assim como do mundo do trabalho com a vida pessoal. O que Cocco, Galvão e Silva (2003) desejam afirmar é que o conhecimento não se encontra mais fixo e incorporado no processo produtivo; está em constante transformação e nas cabeças dos funcionários. Igualmente, este cenário vem evidenciando a necessidade de investimento em gestão do conhecimento, caso as empresas queiram se manter e fortalecer-se no mercado. Tais mudanças impactam não somente as políticas de treinamento e desenvolvimento como, principalmente, o perfil dos gestores e colaboradores.

Assim, a temática da aprendizagem organizacional, citada nos capítulos anteriores, cresce em importância nos dias de hoje na razão direta da obsolescência dos conhecimentos aplicados e do desenvolvimento de novas tecnologias.

Estamos na era da economia do conhecimento, ou do ativo intelectual, que, segundo Cavalcanti e Gomes (2000), promove um desvio do eixo da riqueza e do desenvolvimento de setores industriais para setores cujos produtos, processos e serviços são intensivos em tecnologias e conhecimento. Essa mudança de rota exige um aprendizado contínuo, a fim de desenvolver qualificações mais amplas, o que demanda maior investimento em aprendizagem.

Estudos recentes demonstram que a produção de conhecimento aumenta em tempo cada vez menor. Assim, o conhecimento aplicado tende a ficar obsoleto mais rapidamente; um número maior de pessoas precisa aprender mais em menos tempo; é necessária maior disponibilidade de tempo para aprender e ensinar. A aprendizagem torna-se um processo contínuo. Segundo Castro (1992:12):

> *A introdução de novas tecnologias e as novas formas de organização da produção alteram o conteúdo do trabalho e a qualificação exigida aos trabalhadores. A natureza da atividade laboral, no ambiente de novas tecnologias, está mais voltada para a supervisão de processos e para a regulagem de sistemas, que exigem capacidade rápida de reação aos imprevistos.*

Em decorrência pode-se considerar que as questões de aprendizagem não se restringem apenas ao espaço das salas de aula em instituições de ensino: invadem, permeiam e ocupam todos os lugares.

Todavia, observa-se que a vinculação da formação escolar com o exercício profissional modificou-se. As funções capacitadora e certificadora de competências, até então desempenhadas pelas instituições de ensino tradicionais — escolas técnicas, universidades, entre outras — passaram também a ser exercidas pelas organizações produtivas do mercado.

Os processos de aquisição de aprendizagem, por sua vez, mudam em decorrência das alterações da natureza do trabalho. O conjunto de conhecimentos e competências exigido passou a ser definido pelas estratégias empresariais, pelas particularidades tecnológicas, e não mais pelo ofício ou especialidade do funcionário. Decorre daí a importância que as empresas nos dias de hoje atribuem à formação de profissionais polivalentes, com conhecimentos generalizáveis.

A figura do "homem multifuncional" surge, nos últimos anos, referendada na gestão pela qualidade e na reengenharia. A efetiva participação dos profissionais em soluções, melhorias, execução de tarefas diferenciadas, assim como o controle de seu próprio desempenho, vem moldando o perfil ideal de funcionário, capaz de adequar-se às variações de produtos e mercados, e de garantir o retorno sobre investimentos.

Em sintonia com o contexto descrito, uma contradição ganha corpo: quanto maior a presença da ciência e da tecnologia nos processos produtivos, mais simples as tarefas laborais se tornam. Dessa forma, exigem-se tanto a ampliação do escopo quanto a inclusão de novas competências.

Torna-se inquestionável a necessidade de mudanças profundas nos programas de treinamento e desenvolvimento elaborados pelas empresas. O desafio de mudar o perfil de seus profissionais coloca em pauta as políticas de gestão de pessoas das empresas. Para desenvolver o novo perfil e os novos conhecimentos, as empresas precisam elaborar uma metodologia de gestão de conhecimentos que privilegie desenvolvimento de atitudes, posturas e habilidades alinhadas com o movimento estratégico da organização.

As organizações vêm se preparando para enfrentar esses desafios mediante a aprendizagem contínua de todos os seus funcionários, de suas cadeias de valor e de relacionamentos.

Entra em cena a gestão do conhecimento, que se tornou prioridade máxima das organizações em função da necessidade de diferenciação por meio do conhecimento. Nessa perspectiva, as empresas buscam desenvolver metodologia de gestão do conhecimento além dos programas de treinamento e desenvolvimento, conceitos de educação corporativa e modelos aplicativos como a universidade corporativa.

Antes de abordarmos com mais profundidade questões inerentes à gestão do conhecimento, é necessário afirmarmos que há, segundo Bukowitz e Williams (2002:15), diferenças conceituais entre gestão do conhecimento e gestão do ativo intelectual. O último constitui uma subcategoria da gestão do conhecimento e se atém a uma classe específica de conhecimento organizacional. Em outras palavras, para os autores, ativos intelectuais (AIs) são

> *formas de conhecimento que a organização definiu, codificou, descreveu e articulou de alguma forma. (...) Os AIs também são referidos com freqüência como "conhecimentos explícitos", na medida em que foram transformados de conhecimento individual em algo mais concreto, como documentos impressos ou eletrônicos, um conjunto de regras ou código.*

Outra diferença apontada pelos autores entre esses dois conceitos reside na "propriedade organizacional". Qualquer organização possui seus AIs, "mesmo que não possua o conhecimento que os produziu", ao passo que a gestão do conhecimento preocupa-se com todas as formas de conhecimento, incluindo os conhecimentos explícitos — os articulados e codificados —, e os implícitos — não-articulados e não-codificados. São os conhecimentos definidos por Polanyi como conhecimentos tácitos, derivados não somente da ciência e da tecnologia — articulados e explícitos —, mas também dos que emanam das tarefas rotineiras.

A gestão do conhecimento (GC) enfoca todo o espectro do capital intelectual disponível na organização. Daí decorrem práticas de gestão de pessoas que viabilizam comunidades informais responsáveis pela transparência e socialização de conhecimentos tácitos ou não-codificados. Assim, a GC só terá sucesso se houver cultura de socialização, disseminação e compartilhamento de informações e conhecimentos. É aí que as TICs prestam significativas contribuições.

Por outro lado, a gestão de ativo intelectual refere-se exclusivamente aos conhecimentos articulados e codificados. Trata-se da conversão de capital intelectual em ativo intelectual ou propriedade intelectual. Ressaltando que nem todo capital intelectual é passível de converter-se em ativo intelectual em grande escala, como o caso de conhecimentos implícitos. Segundo Bukowitz e Williams (2002:14), "quando o conhecimento é articulado ou codificado, freqüentemente perde nuanças de significado que se baseiam na interpretação e no uso individual". Entretanto, a estratégia organizacional ou empresarial pode definir que articular e codificar alguns conhecimentos implícitos não vale a pena.

Identificar quais os capitais intelectuais que devem ou não ser convertidos em ativos intelectuais é uma das tarefas da gestão de ativo intelectual (GAI).

Segundo Bukowitz e Williams (2002:15), a conversão de CI em AI tem diversas vantagens.

- É mais fácil transferir conhecimento articulado e codificado de um indivíduo para outro ou de um para muitos.
- A organização é mais capaz de reter conhecimento no caso do seu criador ir embora.
- A organização pode reclamar direitos de propriedade sobre conhecimentos articulados e codificados e está em melhor posição para protegê-los legalmente no caso de entender que isso é desejável.

Os dois objetivos primordiais da gestão do conhecimento (GC) são reter e transferir conhecimentos, ao passo que a gestão de ativo intelectual (GAI) baseia-se na propriedade e na guarda de conhecimento, para agregar valor para a organização, o que demanda mudança em grande escala de postura e atitude dos funcionários. É essa demanda que une a GC com a GAI.

Segundo os autores, a GAI analisa e propõe o alinhamento dos ativos intelectuais de uma organização, adquirindo, despojando e alavancando esses ativos para alcançar as metas estratégicas. A GAI é um procedimento oportuno para iniciar a GC, uma vez que possui instrumentos e técnicas da prática de propriedade intelectual facilitadoras da conversão do capital intelectual em ativo intelectual, como as patentes, marcas registradas, direitos autorais, entre outros, que são ativos constituídos legalmente.

A GAI também contribui para o sucesso da GC, pois facilita o convencimento da gerência sênior com as vitórias e a materialização dos ativos intelectuais. Oferecer uma patente decadente para uma instituição de ensino pode gerar um benefício fiscal para a organização, ou elaborar um portfolio de ativos tecnológicos pode melhorar a posição competitiva da empresa, ou mesmo, evitar que alguns dos conhecimentos tácitos vão embora com os funcionários. Essas são algumas ações que podem contribuir para convencer os gerentes da importância da GC.

O objetivo da gestão do conhecimento é criar um ambiente dentro das organizações favorável para que elas possam agir inteligentemente e assim assegurar a viabilidade, o sucesso global e extrair o maior valor de seus ativos de conhecimentos.

Cavalcanti e Gomes (2000) consideram que os valores das empresas são:

❏ estrutura interna ou capital estrutural ou capital organizacional — patentes, conceitos e modelos administrativos de uma organização;
❏ competências ou capital humano — capacidade individual de atuação de cada integrante da empresa. Incluindo as habilidades, a educação formal, a experiência e os valores de cada um;

- estrutura externa ou capital de cliente — clientes, parceiros, fornecedores e imagem com que a empresa deseja ser percebida junto a eles e à sociedade.

Para Cavalcanti e Gomes (2000), a gestão de conhecimento se dá por meio do modelo de capitais do conhecimento constituído por quatro tipos de capitais, ou ativos intangíveis, que devem ser mnitorados e gerenciados para uma efetiva gestão de conhecimento.

- Capital ambiental — definido como o conjunto de fatores que descreve o ambiente no qual a organização está inserida. Monitorar o ambiente externo, com a inteligência competitiva, é uma condição necessária, mas insuficiente, para o bom desempenho das organizações numa economia de conhecimento. O conjunto ambiente interno e externo da empresa precisa estar em sintonia com os objetivos organizacionais para que o monitoramento obtenha sucesso. É importante destacar que o acompanhamento só será possível se seus integrantes estiverem cientes e comprometidos com a visão estratégica da organização.
- Capital estrutural — definido como um conjunto de sistemas administrativos, conceitos, modelos, rotinas, marcas, patentes e sistemas de informática que permite à organização agir de forma eficaz. A cultura organizacional faz parte desse capital. Por outro lado, o capital estrutural é tudo aquilo que fica na empresa quando as pessoas deixam o escritório e vão para casa (Edvinson e Malone, 1998).
- Capital intelectual — definido a partir das capacidades, habilidades, experiências e conhecimentos formais que os funionários detêm e que agregam valor à empresa. O capital intelectual é um ativo que pertence ao indivíduo, mas que pode e deve ser utilizado pelas empresas.
- Capital de relacionamento — definido como a rede de relacionamentos de uma organização com seus clientes, parceiros, fornecedores e funcionários.

Não há um tipo mais importante que o outro. A hierarquia de importância entre os capitais depende do momento da organização, do grau de desenvolvimento e do tipo de negócio em que ela está envolvida.

A gestão do conhecimento está relacionada ao processo de aprendizagem e implica a conjunção de três processos: aquisição e desenvolvimento, disseminação e construção de memórias, em um desenvolvimento coletivo de elaboração de competências necessárias para a organização realizar seus objetivos estratégicos. Em consonância com essa definição, encontra-se Klasson (1999) que define gestão do conhecimento "como conjunto de ações gerenciais sistematizadas que permitem usar ou renovar a informação e a experiência acumulada nas empresas, de forma eficaz para atingir os objetivos vinculdos aos negócios" (Klasson apud Dantas, 2004:30).

Assim, as empresas desejam capturar e socializar os conhecimentos disponíveis entre os funcionários. Segundo Teixeira (apud Dantas, 2004) as principais atividades da gestão do conhecimento seriam:

❑ compartilhar o conhecimento internamente;
❑ atualizar o conhecimento;
❑ processar e aplicar o conhecimento para algum benefício organizacional;
❑ encontrar o conhecimento interna e externamente;
❑ adquirir conhecimento externamente;
❑ reutilizar conhecimentos;
❑ criar novos conhecimentos;
❑ compartilhar o conhecimento com a comunidade externa à empresa.

Diante do exposto, podemos observar a amplitude e a complexidade da gestão do conhecimento. Vários são os atores e instituições envolvidos nessa empreitada. Mas, como significativos e já conhecidos aliados, os gestores de pessoas contam com a ajuda dos programas de treinamento e desenvolvimento.

Treinamento e desenvolvimento

Várias conceituações têm sido atribuídas a treinamento e desenvolvimento. Inicialmente, o Congresso Internacional de Ciências Administrativas, realizado em Istambul, em 1953, definiu treinamento como "educação específica que, conduzida na escola ou fora dela, antes ou durante o trabalho, ajuda a pessoa a desempenhar bem suas tarefas profissionais" (Pontual, apud Boog, 1980:02).

Cinco décadas se passaram e uma série de conceitos foi elaborada por diversos especialistas. Percebe-se que cada autor atribui diferentes significados, de acordo com sua identificação com uma ou outra teoria das organizações. O quadro 3 reúne alguns dos conceitos pesquisados.

Quadro 3
CONCEITOS DE TREINAMENTO E DESENVOLVIMENTO

Autor	Ano	Conceito
Hamblin (apud Boog, 1994:158)	1978	Treinamento é um processo que provoca reações, que provocam aprendizado, que provoca mudanças de comportamento no cargo, que provocam mudanças na organização, que provocam mudanças na consecução dos objetivos finais.
Vieira (1994:177)	1994	Treinamento consiste na aplicação de um conjunto de técnicas de ensino/aprendizagem, objetivando levar o indivíduo à aquisição de conhecimentos e habilidades específicas que visam prepará-lo para o desempenho imediato e satisfatório das tarefas referentes a seu cargo ou função. Desenvolvimento consiste na aplicação de um conjunto de princípios e estratégias educacionais, objetivando aperfeiçoar o indivíduo no que se refere a seu campo atitudinal, tendo em vista a manutenção e melhoria de seu desempenho, mediante a aquisição dos conhecimentos e habilidades necessários a seu aperfeiçoamento, ao desenvolvimento de novas atitudes e a mudanças comportamentais.

continua

Autor	Ano	Conceito
Leite (apud Bomfin, 1998:28)	1994	Treinamento é parente próximo do embrutecimento, do adestramento. Desenvolvimento aparece como o instrumento privilegiado de ação da administração de RH, em razão da possibilidade que encerra de efetivo exercício dos valores mais elevados do homem, e isso, como é evidente, sem prejuízo, muito pelo contrário, dos interesses de produção *stricto sensu* das empresas.
Milkovich e Boudreau (2000:338)	1997	Treinamento é um processo sistêmico para promover a aquisição de habilidades, conceitos ou atitudes que resultem em melhoria da adequação entre as características dos empregados e as exigências dos papéis funcionais. Desenvolvimento é um processo de longo prazo para aperfeiçoar as capacidades e motivações dos empregados a fim de torná-los futuros membros valiosos da organização. O desenvolvimento inclui não apenas treinamento, mas carreira e outras experiências.
Donadio (1999:59)	1999	Treinamento é, essencialmente, educação de adultos em ambiente profissional.

Há uma tendência a relacionar treinamento a um processo de aquisição ou aperfeiçoamento de conhecimentos e habilidades e de mudanças de atitudes, particularmente envolvido com o desempenho de uma tarefa ou de um cargo. Desenvolvimento seria, sobretudo, o processo voltado para o crescimento integral do homem, observável na mudança comportamental, na expansão de suas habilidades e seus conhecimentos para a solução de novas e diferentes situações ou problemas.

Na verdade, o binômio treinamento e desenvolvimento (T&D) atua numa linha de concepção mutuamente complementar. Em sua natureza, é atividade-meio para o alcance dos objetivos organizacionais. Em sua essência, deve ser o principal fiel da balança entre desenvolvimento individual e as necessidades organizacionais.

Ao longo da história, as atividades de T&D evoluíram de uma abordagem mecanicista com atuação eminentemente técnico-operacional para "uma abordagem holística e sistêmica, com atuação fundamentalmente tática e transformadora na concepção, estruturação, desenvolvimento, sobrevivência e sucesso do negócio" (Stata, apud Starkey, 1997:379).

"Como num sistema aberto, o processo de T&D tem entradas, processamento, saídas e retroação" (Hinrichs, apud Dunnette, 1976:834). A figura 11 mostra isso.

Figura 11
PROCESSO DE T&D

ENTRADA	PROCESSO	SAÍDA
☐ Treinandos ☐ Recursos organizacionais	☐ Programas de treinamento ☐ Processo de aprendizagem individual	☐ Conhecimento ☐ Atitudes ☐ Habilidades ☐ Eficácia organizacional

RETROAÇÃO
☐ Avaliação dos resultados

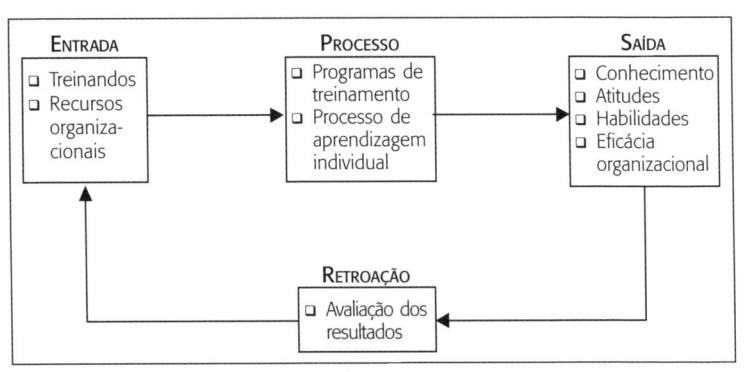

Fonte: Adaptado de Hinrichs (apud Dunnette, 1976:834).

Numa perspectiva sistêmica, o processo de T&D é composto por quatro etapas: diagnóstico, planejamento, execução e avaliação (figura 12).

Figura 12
SISTEMÁTICA DE T&D

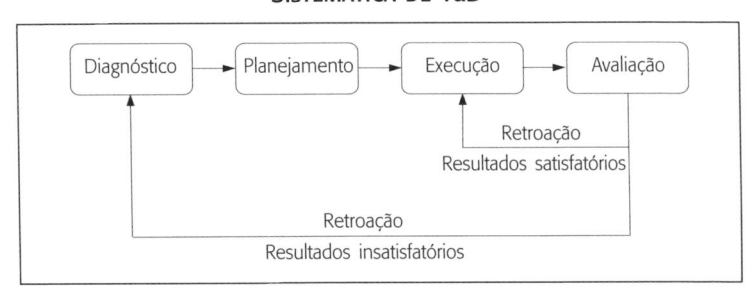

Diagnóstico → Planejamento → Execução → Avaliação

Retroação
Resultados satisfatórios

Retroação
Resultados insatisfatórios

O *diagnóstico* não se restringe a questões relacionadas às atividades de treinamento, na medida em que essas permeiam todas as áreas e níveis das organizações. Trata-se de um diagnóstico organizacional constituído de três enfoques — organizacional, funcional e individual — analisando as competências verificadas em relação às desejadas. Decorre daí um levantamento de necessidades de treinamento (LNT) que contribuirá para o desenvolvimento de programas a serviço dos objetivos organizacionais desejados.

O *planejamento* consiste na elaboração de um conjunto de políticas, diretrizes e objetivos do sistema.

A política de treinamento é o conjunto de linhas de ação de treinamento, fundamentais para se estabelecer uma sintonia com os macroobjetivos da organização.

Compete ainda ao planejamento de T&D a priorização e detalhamento de atividades, contemplando: as alçadas de autoridade e responsabilidade; tempo disponível; recursos financeiros, materiais, tecnológicos e humanos necessários; seleção de conteúdo, metodologias e recursos instrucionais; público-alvo e formas de avaliação.

A *execução* consiste: na realização efetiva, na administração, no acompanhamento e na manutenção dos projetos e programas de treinamento previamente definidos.

A *avaliação* toma por base os resultados alcançados e a revisão crítica de todo o processo. Consiste em uma etapa crucial do processo de T&D e se materializa a partir de indicadores de desempenho do processo e de aprendizagem do público-alvo. A avaliação deve ser realizada em quatro níveis (Kirkpatrick, 1994):

- nível 1 (reação) — geralmente realizada com a aplicação de questionários ao término da atividade de treinamento, bus-

ca medir as impressões dos participantes com relação a: conteúdo, ambiente, instrutores, materiais didáticos e recursos instrucionais;
- nível 2 (aprendizado) — realizado por meio da observação no ambiente de trabalho (pela chefia imediata ou pela equipe de RH) ou com a aplicação de testes, busca determinar em que extensão o treinamento melhorou as competências dos participantes;
- nível 3 (aplicabilidade) — realizada por meio da observação no ambiente de trabalho, pela chefia imediata com a assessoria da equipe de RH, busca identificar o quanto do treinamento está sendo utilizado no dia-a-dia de trabalho; na prática, consiste em avaliar o próprio desempenho do profissional;
- nível 4 (rentabilidade ou resultados) — realizada mediante a observação no ambiente de trabalho e pela análise de indicadores de desempenho, busca determinar se o treinamento agregou algum valor ao negócio, considerando os valores tangíveis (produtividade e qualidade) e os intangíveis (relacionados à cultura e ao clima organizacionais).

Educação corporativa

No decorrer dos últimos 20 anos, em que a era industrial gradativamente cede espaço à era do conhecimento, temas tais como capital intelectual, organizações de aprendizagem e ativos intangíveis vêm contribuindo para o aumento da importância da aprendizagem contínua e destacam a gestão do conhecimento. O quadro 4 fornece uma visão dessa gradativa transformação.

Quadro 4
PERSPECTIVA INDUSTRIAL X PERSPECTIVA DO CONHECIMENTO

Item	Sociedade industrial	Sociedade do conhecimento
Pessoas	Geradoras de custos ou recursos	Geradoras de receita
Utilização da informação	Controle	Integração
Produção	Trabalhador físico processando recursos físicos para criar produtos tangíveis	Trabalhador do conhecimento convertendo conhecimento em produtos intangíveis
Fluxo de informações	Via hierarquia organizacional	Via redes colegiadas
Estrangulamento na produção	Capital financeiro e habilidades humanas	Tempo e conhecimento
Fluxo de produção	Regido por máquina; seqüencial	Regido pelas idéias; caótico
Relacionamento com o cliente	Unilateral, via mercado	Interativo, via redes pessoais
Aplicação do conhecimento	Operacional	Estratégico
Finalidade do aprendizado	Saber fazer	Saber ser

Fonte: adaptado de Sveiby, 1998:32.

O quadro 4 mostra claramente a mudança de paradigma na gestão empresarial, ou seja, a passagem de uma administração taylorista/fordista para uma gestão holística, mais flexível, e com forte impacto nas organizações.

Segundo Meister (1999), as cinco forças que sustentam essa mudança, descritas a seguir, são: organizações flexíveis, era do conhecimento, rápida obsolescência do conhecimento aplicado, empregabilidade e educação global.

Organizações flexíveis caracterizam-se por serem não-hierárquicas e enxutas, com capacidade de dar respostas rápidas ao turbulento ambiente empresarial. Esse novo tipo de organização gera demandas novas, exigindo o domínio de papéis e qualificações também novos.

A transição da era industrial para a *era do conhecimento* não ocorre bruscamente, como um corte longitudinal. É um processo gradual de mudanças, em que novas forças e valores vão-se tornando hegemônicos. Essa hegemonia pode não ser unanimidade hoje, mas já se faz presente no pensamento empresarial, como constata Jagla (1999:48) no discurso de um alto executivo da indústria automobilística:

> *A sociedade do conhecimento já é uma realidade nos setores de alta produção da economia. Todas as formas de conhecimento, informações, experiências, pesquisas, patentes, etc. são, de longe, os mais importantes fatores de produção no desenvolvimento dos setores econômicos, onde o trabalho é bem-remunerado.*

O avanço constante da ciência e da tecnologia tem proporcionado a rápida circulação de informações e a renovação do conhecimento e, conseqüentemente, a *rápida obsolescência do conhecimento aplicado*. A necessidade de adquirir ou renovar conhecimentos está presente tanto nas pessoas quanto nas empresas.

A "segurança do emprego não é mais uma decorrência do trabalho em uma única empresa, mas da manutenção de uma carteira de qualificações relacionadas ao emprego" (Meister, 1999:09); ou ainda, em outras palavras, a *empregabilidade* "centraliza a responsabilidade pelo emprego no indivíduo e não na empresa (...). Empregabilidade reforça a visão de competência permanente, atualizada, e de responsabilidade da própria pessoa" (Motta, 1999:22).

Trabalho e aprendizagem caminham juntos. Já se foi o tempo em que havia dois períodos distintos e estanques em nossas vidas: primeiro a escola e, após a formatura, o trabalho. Há necessidade de uma formação continuada e com visão global e perspectivas internacionais do mundo dos negócios — uma *educação global*, continuada.

A educação corporativa consiste em um processo contínuo de ensino/aprendizagem. É definida a partir das estratégias organizacionais, possibilitando, assim, o desenvolvimento de competências que proporcionam uma base sólida para a geração de vantagens competitivas nos negócios.

Educação corporativa representa uma nova dimensão de T&D. Uma dimensão moldada para a era do conhecimento, levando em consideração as necessidades cada vez maiores de se agregar valor aos negócios. A adoção do conceito sinaliza o investimento estratégico e constante no desenvolvimento de competências essenciais ao negócio. Caracteriza um avanço no processo de ensino/aprendizagem das empresas, na medida em que ajusta os processos educacionais, oriundos do meio acadêmico, às práticas, características e necessidades das organizações.

A educação corporativa não se configura como uma revolução radical, mas, sim, como uma evolução incremental. Apropria-se de uma série de princípios filosóficos, metodológicos e empresariais já existentes nos processos de T&D, adaptando-os e acrescentando novos princípios, no sentido de atender às novas demandas das organizações na era do conhecimento (Pereira, 2001a).

Princípios filosóficos sustentam os conceitos e as práticas de educação corporativa. Mudança cultural, valorização do ser humano e visão sistêmica formam a essência da evolução dos processos de ensino/aprendizagem dessa educação.

Princípios metodológicos caracterizam a atuação da educação corporativa. São eles: utilização de práticas que privilegiam a interação dos grupos, valorização das experiências profissionais e incentivos ao autodesenvolvimento, assim como preocupação em medir resultados e fortalecer os papéis das lideranças. Define-se, dessa forma, o escopo de atuação da educação corporativa.

Os princípios empresariais configuram o direcionamento da educação corporativa. São eles: alinhamento com o planejamento estratégico, preocupação permanente com a cultura e a identidade organizacional e utilização de tecnologias de gestão diversificadas. Esse conjunto dá sentido à educação corporativa, em sintonia com as necessidades e características do negócio.

O quadro 5 destaca as características principais de T&D e educação corporativa, assim como suas diferenças.

Quadro 5
T&D X EDUCAÇÃO CORPORATIVA

Característica	Treinamento & desenvolvimento	Educação corporativa
Atuação	Reativo	Proativo
Organização	Descentralizado	Centralizado
Audiência	Massificado	Personalizado
Aprofundamento	Saber como fazer	Saber ser
Modalidade	Aulas presenciais	Utilização de diversos formatos
Foco principal	Capacitação e aperfeiçoamento	Educação continuada
Objetivos	Funcional	Estratégico
Papel dos líderes	Estimuladores do processo de aprendizagem	Facilitador e multiplicador
Propósitos	Reprodução do conhecimento	Elaboração e compartilhamento do conhecimento
Aprendizagem	Individual	Organizacional
Estruturação	Área-meio	Unidade de negócios
Enfoque contábil	Centro de custos	Centro de resultados
Público-alvo	Funcionários	Funcionários, parceiros de negócios e comunidade
Corpo docente	Instrutores e multiplicadores internos, consultores externos	Executivos e técnicos internos e consultores externos

Universidade corporativa é um processo centralizado de soluções de aprendizagem com relevância estratégica para uma família de cargos ou funções e para as competências essenciais da organização (Alperstedt, 2000).

Segundo Eboli (1999:112),

> A universidade corporativa deve ser encarada como um estratégico guarda-chuva para todo o tipo de educação, para todos os empregados e também para os consumidores, fornecedores e comunidade. Ela é, sobretudo um processo e uma mentalidade que permeiam toda a organização, e não apenas um local físico de aprendizado.

Pode-se, a partir desse conceito, substituir a metáfora do guarda-chuva pela da membrana celular. Universidade corporativa pode ser entendida como uma membrana que deve permear toda a organização e dela fazer parte; deve ser um delimitador flexível e permeável que proporcione, de maneira mutável, a forma e o volume que delineia (Pereira, 2001b).

Veja a seguir, as principais empresas que possuem universidades corporativas.

❏ ABN Amro	❏ Dell	❏ HSBC	❏ Sabesp
❏ Abras	❏ Editora Abril	❏ Henkel	❏ Santanense
❏ Accor	❏ Elma Chips	❏ Martins	❏ Serasa
❏ Alcoa	❏ Embasa	❏ McDonald's	❏ Softway
❏ Algar	❏ Embraer	❏ Metrô SP	❏ Souza Cruz
❏ Ambev	❏ Fiat	❏ Motorola	❏ TAM
❏ Amil	❏ Fischer America	❏ Natura	❏ Telemar
❏ Banco do Brasil	❏ Ford	❏ Nestlé	❏ Tigre
❏ Banco Central	❏ Gessy Lever	❏ Novartis	❏ Unisys
❏ Boston	❏ GE	❏ Petrobras	❏ Visa
❏ Carrefour	❏ Globo	❏ Redecard	❏ Volkswagen
❏ CEF	❏ GM	❏ Rhodia	❏ Xerox

Quando se pesquisam os diversos casos de universidades corporativas, seja nos EUA, onde é bastante utilizada, seja no

Brasil, ainda em fase inicial, verifica-se que o modelo não é estático e, por sua essência, nem poderia ser, resultando em diferentes formas de estruturação.

Alguns pressupostos básicos, contudo, são comuns na busca do objetivo principal: tornar-se uma organização em que o aprendizado seja permanente. São eles, segundo Eboli (1999):

- *missão* — formar e desenvolver os talentos humanos na gestão dos negócios, promovendo a gestão do conhecimento organizacional (geração, assimilação, difusão e aplicação) por meio de um processo de aprendizagem ativa e contínua;
- *objetivo principal* — desenvolver e implementar competências profissionais, técnicas e gerenciais consideradas essenciais para a viabilização das estratégias dos negócios;
- *objetivos globais* — difundir a idéia de que o capital intelectual será fator de diferenciação; despertar nos talentos humanos a vocação para o aprendizado; incentivar e estruturar atividades de autodesenvolvimento; reter os melhores talentos, contribuindo para um clima organizacional saudável e para a melhoria da qualidade de vida; responsabilizar cada talento por seu processo de autodesenvolvimento;
- *foco do aprendizado* — privilegiar o aprendizado organizacional, fortalecendo a cultura corporativa, e não apenas o conhecimento individual;
- *público-alvo* — públicos interno e externo (funcionários, terceirizados, prestadores de serviços e demais colaboradores, clientes, consumidores, fornecedores e comunidade);
- *ênfase dos programas* — concentra-se nas necessidades dos negócios, tornando o escopo estratégico, e não exclusivamente nas necessidades individuais.

Embora as universidades corporativas sejam diferentes entre si — reflexo dos traços culturais de cada organização e das necessidades de cada negócio —, Meister (1999) aponta características claras, que constituem a base do poder dessas universidades para mobilizar as organizações e seus colaboradores diretos e indiretos no sentido de formar uma equipe de trabalho de qualidade:

- oferecer oportunidades de aprendizagem que dêem sustentação às questões empresariais mais importantes da organização;
- ser um processo e não um espaço físico destinado à aprendizagem;
- ter um currículo que incorpore cidadania corporativa, estrutura contextual e competências básicas (figura 13);
- treinar e se relacionar com seus *stakeholders* — parceiros, clientes, distribuidores, fornecedores de produtos terceirizados etc. (figura 14);
- passar do treinamento conduzido pelo instrutor para vários formatos de apresentação da aprendizagem;
- encorajar e facilitar o envolvimento de líderes com o aprendizado;
- passar do modelo de financiamento corporativo por alocação para o autofinanciamento pelas unidades de negócio;
- assumir um foco global no desenvolvimento de soluções de aprendizagem;
- criar um sistema de avaliação de resultados e dos investimentos;
- utilizar a universidade corporativa para obter vantagem competitiva e entrar em novos mercados.

Figura 13
CURRÍCULO DA UNIVERSIDADE CORPORATIVA

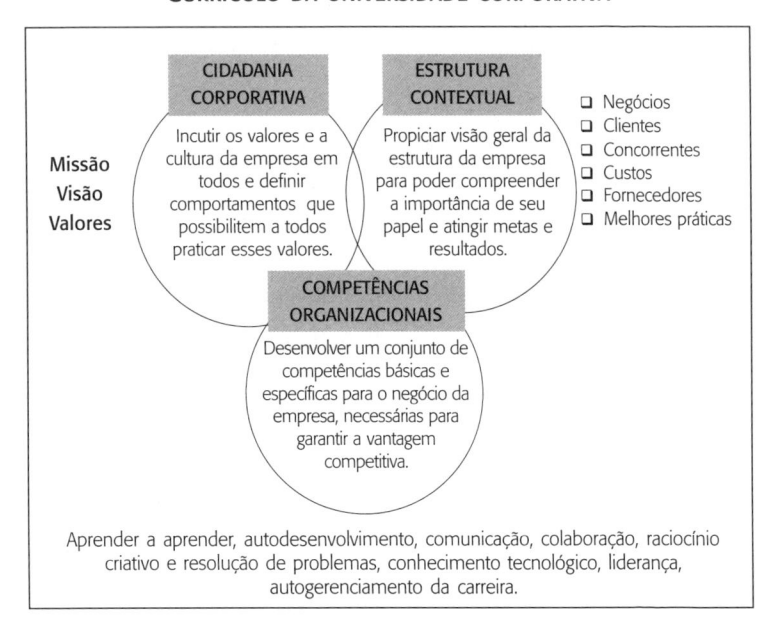

Missão
Visão
Valores

CIDADANIA CORPORATIVA
Incutir os valores e a cultura da empresa em todos e definir comportamentos que possibilitem a todos praticar esses valores.

ESTRUTURA CONTEXTUAL
Propiciar visão geral da estrutura da empresa para poder compreender a importância de seu papel e atingir metas e resultados.

COMPETÊNCIAS ORGANIZACIONAIS
Desenvolver um conjunto de competências básicas e específicas para o negócio da empresa, necessárias para garantir a vantagem competitiva.

- Negócios
- Clientes
- Concorrentes
- Custos
- Fornecedores
- Melhores práticas

Aprender a aprender, autodesenvolvimento, comunicação, colaboração, raciocínio criativo e resolução de problemas, conhecimento tecnológico, liderança, autogerenciamento da carreira.

Figura 14
***STAKEHOLDERS* DA UNIVERSIDADE CORPORATIVA**

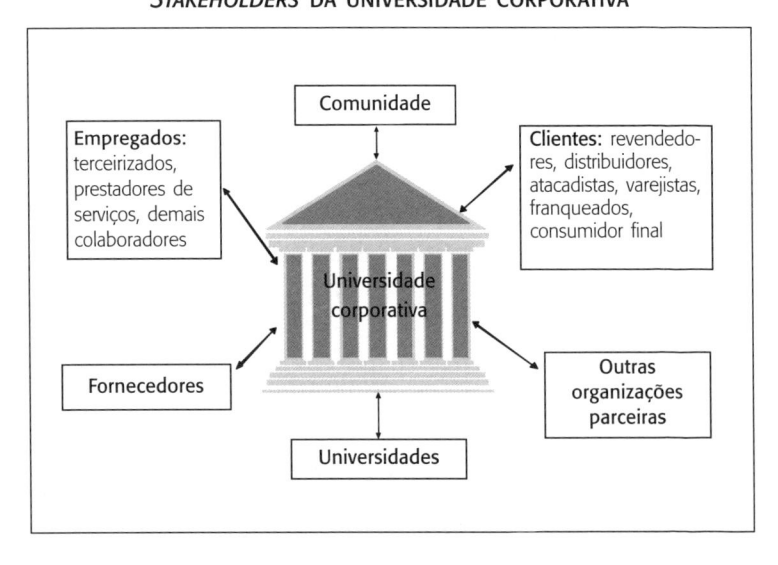

Comunidade

Empregados: terceirizados, prestadores de serviços, demais colaboradores

Clientes: revendedores, distribuidores, atacadistas, varejistas, franqueados, consumidor final

Universidade corporativa

Fornecedores

Universidades

Outras organizações parceiras

No Brasil, as universidades corporativas surgem por volta de 1992 e começam a ter destaque a partir de 1997. Contudo, os princípios de educação corporativa, bem como os pressupostos e características das universidades corporativas preconizadas por Meister (1999), só se fazem presentes parcialmente.

Segundo Pereira (2001b), Ramos (2001) e Dengo (2002), as universidades corporativas implantadas no Brasil são essencialmente unidades internas de educação — não estruturadas como unidades de negócios — que sistematizam o treinamento e promovem o desenvolvimento alinhado às estratégias da organização. Operam com meios mais abrangentes e objetivos mais definidos do que T&D, mas nem sempre utilizam diversos formatos de aprendizagem. Seu público-alvo é maior, mas não chega a compreender todos os seus *stakeholders*. Suas metas e indicadores de avaliação evoluíram, mas estão longe dos preconizados por Meister (1999).

O uso da expressão universidade corporativa aumenta ainda mais a polêmica entre empresas e meio acadêmico, como bem sintetiza Vergara (2000:181): "A primeira vê na segunda conservadorismo, defasagem, burocracia; a universidade, por seu turno, vê a empresa como viabilizadora de um capitalismo que exclui pessoas, mais do que inclui, dos benefícios por ela auferidos".

A expressão *universidade corporativa* pertence à terminologia trazida do mundo de negócios norte-americano: *corporate university*. O uso do termo *corporativo* surge para evidenciar a vinculação às empresas, revelando que as atividades educacionais desenvolvidas não constituem seu objetivo principal, e sim um meio para atingir seus objetivos empresariais.

O uso do termo *universidade* é justificado para denotar a seriedade de propósitos ou, ainda, para imprimir uma marca, uma identidade às atividades educacionais. Na verdade, há também o desejo, não só das empresas, mas principalmente dos profissionais de RH, de valorizar a atividade, de proporcionar um *status* diferenciado dentro da empresa com o claro intuito de ganhar espaço político na organização. Afinal, a palavra *universidade*, apesar de desgastada por todo tipo de uso, tem conotação de cientificidade e de reconhecimento... Encontramos em Moraes e Stal (1994:102) uma visão dessa questão:

> *A universidade tem como missão a formação de recursos humanos e a realização de pesquisas de caráter exploratório que complementam essa tarefa e aumentam o nível geral de conhecimentos disponíveis, divulgando para a sociedade os resultados obtidos. As empresas visam o lucro, e para tal, selecionam criteriosamente os projetos nos quais deverão se engajar, segundo sua potencialidade comercial, risco e retorno financeiro. Todas as informações relevantes são cuidadosamente resguardadas dos concorrentes. Assim, a empresa, em oposição à universidade, é fechada quanto à informação e seletiva quanto a sua utilização.*

Fica claro que o simples uso do termo *universidade* não confere às empresas a mesma conotação que a palavra possui no sistema educacional formal. Na educação formal, o homem deve ser preparado para as demandas sociais — exercício da cidadania — e econômicas — mundo do trabalho: "Todo ensino deve formar espíritos abertos, dotados de disposições e saberes necessários à aquisição ininterrupta de novos saberes e à adaptação a situações sempre renovadas" (Bourdieu, 1998:171).

Na educação corporativa, por meio das universidades corporativas, só as demandas econômicas são atendidas e, mesmo assim, pela ótica de um determinado segmento de mercado. Esse direcionamento exclusivo às necessidades de mercado dificulta o despertar de uma consciência que possibilite o desenvolvimento humano de forma integral e a manifestação de todas as suas potencialidades.

Apesar de claramente distintas, as universidades corporativas e as instituições de ensino superior têm pontos de convergência, mediante parcerias, como afirma Vergara (2000:187):

> *A universidade tradicional entra com sua competência em identificar temas relevantes para o desenvolvimento de certas competências, em elaborar cursos, dar-lhes sentido, selecionar bibliografia e docentes, e a universidade corporativa entra com seus recursos financeiros, tecnológicos e humanos, suas demandas, além da sua capacidade de agilizar processos.*

Conclui-se que o direcionamento para a aprendizagem procura tornar mais efetiva a atuação da organização, mediante a promoção, inovação e contribuição na formação e no desenvolvimento de vantagens competitivas. A questão primordial que se segue não é apenas a obtenção, mas fundamentalmente a manutenção de vantagens competitivas.

A universidade corporativa em si não gera vantagem competitiva sustentável à medida que se prolifera rapidamente em inúmeras organizações. As vantagens competitivas sustentáveis são viabilizadas mediante o desenvolvimento de uma cultura de aprendizagem (Senge, 1990) e a gestão do conhecimento (Nonaka e Takeuchi, 1997). Dessa forma, a universidade corporativa consolida-se como o meio e o instrumento que conduz e reforça a obtenção de vantagens competitivas e fortalece ou transforma a cultura organizacional.

Até esse momento, pudemos conhecer as rupturas, os desafios, as inovações e as dimensões funcionais da gestão de pessoas. Convidamos o leitor agora a refletir sobre a importância da identificação e do gerenciamento da cultura organizacional.

Cultura organizacional

O gerenciamento de talentos tem procurado evoluir para enfrentar os desafios impostos pelas mudanças econômicas, sociais e tecnológicas, entre outras. Para tanto, os profissionais de gestão de pessoas vêm buscando inovações radicais e incrementais, tais como: gestão flexibilizada e de competência; captação e seleção de talentos; sistema de reconhecimento e remuneração; avaliação de desempenho; certificação de competências e aprendizagem e desenvolvimento.

O sucesso dessas inovações impõe o alinhamento dos programas de gerenciamento de pessoas às estratégias organizacionais. É imprescindível que a cultura da empresa seja permeável à introdução de novas práticas. Destaca-se, dessa forma, o papel de agente de mudança do profissional de RH (Ulrich, 1998).

A cultura, quando gerenciada, pode contribuir para o sucesso da organização. Entretanto, o agente de mudanças encontrará resistências às transformações necessárias à modernização da gestão de pessoas (Ulrich, 2000).

Cabe, então, a pergunta: a cultura organizacional é administrável? Para Pettigrew (1989), a resposta direta a essa pergunta é positiva. Porém, como ele mesmo ressalta, com grande dificuldade! Para responder adequadamente, deve-se considerar o que se "entende por cultura organizacional e administração" (Pettigrew, 1989:145).

O que é — e como se constitui — a cultura organizacional

A fundamentação teórica da cultura organizacional comporta idéias de várias áreas de conhecimento. Inicialmente, o conceito de cultura organizacional foi elaborado a partir da antropologia. A abordagem antropológica permite identificar as diferenças entre culturas de povos, tribos e grupamentos humanos. Em geral, a cultura é constituída das ferramentas, implementos, utensílios, vestimentas, armamentos, costumes, instituições, crenças, rituais, jogos, obras de arte, linguagem etc. de um grupamento humano. Kottak (1994) acrescenta que cada cultura pode ser sintetizada num conjunto característico de valores-chave que a integram e contribuem para distingui-la de outras.

Nos últimos anos os conceitos de cultura organizacional foram também influenciados pela sociologia, história e, principalmente, pela psicologia social, que, além de contribuir para um maior entendimento do fenômeno cultura, permite visualizá-lo ante a possibilidade da intervenção na realidade social.

Assim, Schein (1982) ressalta que a cultura organizacional é um conjunto de premissas básicas validadas ao longo do tempo por um determinado grupo. Essas premissas vão nortear as formas de perceber, pensar, sentir e agir de todos em relação aos desafios internos e externos à organização.

Nessa abordagem multidisciplinar, a cultura de uma organização é decorrente de um processo social complexo, que compreende a interação de fatores tangíveis e intangíveis.

Os fatores tangíveis abrangem a arquitetura dos prédios, as tecnologias de gestão e processos, o estilo do vestuário predominante na empresa, o visual e leiaute de seus diferentes setores e unidades, além dos diversos artefatos materiais, produtos e serviços criados pela empresa.

Os fatores intangíveis estão em seus símbolos, marcas, costumes, crenças, idéias preestabelecidas, regras e tabus que se constituem na forma de *modelos mentais* (Senge, 1990), nos vínculos afetivos que produzem um modo de encarar, interpretar e adaptar-se ao mundo.

Cada organização tem uma cultura única. Mesmo empresas de ramos similares de atividade têm culturas diferentes e, embora possa haver semelhanças entre elas, não existem culturas idênticas. A formação da cultura é influenciada pela trajetória da organização, pelos obstáculos que enfrentou, por seus fracassos ou vitórias. Quando esta cultura se consolida, ela confere uma identidade às pessoas, que passam a ter uma visão compartilhada do mundo (Schein, 1982).

Agora, certamente já temos elementos para refletir sobre o gerenciamento da cultura organizacional. Atualmente, trabalha-se com o pressuposto de que a cultura de uma organização pode sofrer um processo de intervenção de forma planejada, de acordo com as conveniências da alta administração da empresa (Johann, 1998). Esse posicionamento é defendido, também, por Pascale e outros autores (apud Ulrich, 2000), que apontam como uma das principais funções do líder a de inspirar e conduzir a construção de uma cultura corporativa.

Se prestarmos atenção a alguns aspectos das organizações com as quais interagimos, poderemos verificar que elas são dotadas de uma *personalidade coletiva*, que transparece na forma como as pessoas se relacionam, como confraternizam, na maneira como são tomadas as decisões, nos critérios mais valorizados para a progressão de carreiras e no jargão ou linguagem costumeiramente utilizada pelos indivíduos.

Essa *personalidade coletiva* também encerra fatores inconscientes, pois

> [essas personalidades] *não são o império da racionalidade por natureza. Elas são alimentadas pela emoção, pela fantasia, pelos fantasmas que cada ser humano abriga em si (...) que se desenvolvem na relação indivíduo/empresa, em particular os laços de adesão e lealdade* (Motta e Freitas, 2000:42-3).

Deve-se considerar, contudo, que a cultura de uma empresa pode significar mais do que determinados aspectos inconscientes e o simples enunciado de valores e de crenças. A cultura de uma organização pode assumir um sentido perverso, ilusório, se expressar apenas a visão de mundo de um grupo restrito e quantitativamente minoritário, encastelado nos níveis hierárquicos superiores da empresa.

Nesse sentido, Motta e Freitas (2000) fazem refletir e ponderar sobre o fato de que a ideologia estabelecida nas grandes corporações inibe o pensamento pluralista, pois leva ao pensar codificado e canalizador; por vezes inventivo, mas não ao ponto de questionar o poder estabelecido. Este legado maniqueísta da ideologia pode ser atenuado pela gestão flexibilizada de pessoas (apresentada no primeiro capítulo deste livro), oferecendo-se oportunidades a um maior número de pessoas para exercer o direito de externar suas opiniões, apresentar suas idéias e propor caminhos alternativos para o futuro da empresa quanto à mudança da própria cultura organizacional.

Deve-se reconhecer que o processo que tenta forjar o indivíduo dentro dos propósitos organizacionais é artificial, como visto no capítulo 3, tendo por fim englobar todos os participantes da organização numa fantasia comum proposta por seus dirigentes. Se o indivíduo — de acordo com Enriquez (apud Davel e Vergara, 2001:175) — "se identifica com a organização, se pensa apenas por meio dela, se a idealiza ao ponto de sacrificar sua vida privada aos objetivos que ela persegue, quaisquer que eles sejam, então, ele entrará sem saber (sem recriminar-se, pois está de boa-fé) num sistema totalitário".

Portanto, qualquer tentativa de gerenciamento planejado da cultura de uma empresa pode ser altamente manipuladora e condenável, se não for acompanhada da consciência crítica e da ética.

A cultura organizacional na gestão de negócios

A partir da década de 1990, as pesquisas vêm revelando que o grau de envolvimento dos funcionários com suas organizações é um dos responsáveis pelas vantagens competitivas. Segundo os estudos de Collins e Porras (1999), o alinhamento do comportamento das pessoas aos valores e crenças da organização é obtido mediante um trabalho planejado da cultura organizacional, o qual, simultaneamente, preserva o núcleo da cultura e estimula o progresso. A elevada performance organizacional decorreria, assim, de um gerenciamento que permite interferir na cultura organizacional, tornando-a forte/densa e, ao mesmo tempo, adaptativa/flexível, como argumentado por Johann (1998).

Adicionalmente, lembram Aidar e co-autores (1995) que, nos últimos anos, a cultura vem-se tornando um tema central em diversos debates na área de estudos organizacionais. Os autores lembram que o interesse pelo assunto surgiu sobretudo em razão da relação entre cultura e desempenho organizacional (Coutinho, 1998). Entretanto, há que se concordar com eles que inexiste uma massa de estudos significativa, pesquisando a fundo a relação entre cultura organizacional e cultura nacional. Por negligenciarem essa relação, muitos estudos acabam tratando a organização como algo isolado do contexto nacional e social no qual ela está inserida.

Lembram Aidar e co-autores (1995) que o estudioso de cultura organizacional deve estar sempre atento para não cair na armadilha do etnocentrismo: em outras palavras, cuidar para não usar como referencial teórico sua própria visão de mundo, seu modo de viver, de fazer as coisas e de perceber o mundo.

Por outro lado, Caldas, quando discorre sobre os condicionantes nacionais e as implicações organizacionais da fixação brasileira pela figura do "estrangeiro", incita a refletir sobre as seguintes questões (Motta e Caldas, 1997:74):

❑ Por que a gestão brasileira é um campo de estudo e um ambiente de trabalho essencialmente importado?
❑ Por que muito do que importamos se mostra pouco aplicável ou mesmo inútil à nossa realidade?
❑ Até que ponto, de fato, utilizamos o que importamos, além da típica retórica organizacional de modernidade?

À medida que a internacionalização nos negócios avança, intensifica-se o debate sobre a influência das culturas nacionais na teoria e prática organizacionais. Se, há pouco tempo, ainda se acreditava que a administração fosse algo universal, hoje parece haver um consenso quanto à existência de correlação de cultura nacional e formas de gestão empresarial. A consciência dessa correlação traz para a pauta de debates os desafios do gerenciamento da cultura organizacional.

Os desafios do gerenciamento da cultura organizacional

No mundo globalizado estão ocorrendo mudanças que envolvem a reavaliação de premissas culturais. As organizações vêm enfrentando, cada vez mais, novos desafios na gestão de pessoas e uma grande preocupação as acompanha: as diferenças culturais. O papel da cultura e de seus impactos na gestão empresarial vem sendo repensado, a fim de se traçarem estratégias de sobrevivência. Programas de privatização, de expansão de mercado, fusões e aquisições e *joint ventures*, entre outras alternativas, são questões do momento. As organizações precisam, assim, posicionar-se diante dos desafios que as diferenças culturais impõem.

Com a internacionalização, as empresas entram em contato com diferentes culturas dos países de acolhimento. A relação das empresas globalizadas com os países que as acolhem assenta-se em um conjunto de valores explícitos e implícitos que, como mencionado, impõe modos de tratar clientes, fornecedores e colaboradores; o tipo e o nível de participação na tomada de decisão; a velocidade e o processo de tomada de decisões; o nível de formalidade e controle; a expectativa de desempenho; o nível de tolerância ao risco; e a orientação de custo/qualidade (Miller, apud Becker, 2002). Mas, na maioria das vezes, não há esforços de compreensão da realidade local e de adaptação à mesma.

Para alguns teóricos, a busca por uma cultura empresarial globalizada, mediante a internalização de sistemas e procedimentos organizacionais, tem submetido os gestores às pressões relativas à legislação, ao regime fiscal e aos sistemas sociopolíticos específicos dos mercados locais (Câmara, Guerra e Rodrigues, 1999).

Portanto, a globalização dos negócios vem demandando ajustes e adaptações aos valores, crenças e regras de funcionamento dos países de acolhimento. A aculturação local e a hibridização dos produtos/serviços não podem anular os valores culturais do grupo, levando ao risco de as empresas perderem suas características e especificidades reconhecidas pelos clientes. Portanto, no processo de adaptação à cultura local devemos identificar e analisar os valores básicos (*core values*) que devem ser mantidos e aperfeiçoados, como os inerentes à personalidade da organização, e os que devem ser moldados à realidade globalizada.

Surge, assim, um novo questionamento: como manter a *personalidade da organização* sem intervir nos processos de decisão? As empresas, sejam elas internacionais ou transnacionais, tentam solucionar o dilema da centralização *versus* descentralização cada uma a seu modo.

O fato é que as empresas transnacionais precisam coordenar estrategicamente suas metas e objetivos, assim como alocar recursos financeiros, controlar a diversidade gerencial e proporcionar vantagem competitiva; tudo isso em um ambiente de cooperação e sinergia entre os funcionários. Para tanto, é necessário um grau de centralização que lhes permita desenvolver essas atividades com valor agregado.

O conceito de valor agregado, segundo Câmara, Guerra e Rodrigues (1999), torna-se nuclear para as empresas de atuação globalizada do futuro, juntamente com a preservação dos valores básicos das empresas locais. Esse cenário vem transformando as práticas empresariais e gerando novas tendências de cultura empresarial:

- de organização rígida e centralizada ⇒ para estruturas flexíveis;
- de modelos hierárquicos ⇒ para organizações horizontais com uma filosofia igualitária;
- de orientação para tarefas e resultados ⇒ para uma maior orientação para as pessoas;
- de uma estratégia de grupo centralizada ⇒ para autonomia local e tomada de decisão pelos gestores locais.

Para enfrentar esse desafio, como analisado no capítulo 3, as empresas adotam sistemas de crenças e valores que oferecem aos funcionários esperanças de sucesso e segurança no que estão fazendo. Como resultado dessa combinação, eles passam a executar suas atividades com atenção apenas parcial. Focam apenas no que lhes é familiar ou planejado. Mas quando as coisas não saem como previsto, muitos são tomados de medo e insegurança. Essa situação leva os profissionais a julgamentos de valor; identificam estilos gerenciais bons e maus e adotam os estilos considerados bons. Nesse cenário, sentem-se temporariamente seguros, mas não por muito tempo. As forças de oposição se fazem presentes e clamam por uma visão de realidade não-excludente.

Já percebemos, ou até mesmo vivenciamos, a forma como as empresas globalizadas, em sua maioria, pressionam os funcionários de organizações de acolhimento a se encaixarem às suas políticas, e para isso dispõem de instrumentos de recompensa e punição traduzidos em seus sistemas de reconhecimento e de remuneração.

Entretanto, cabe o alerta: faz-se necessário observar as nuances culturais, assim como seu impacto nos processos organizacionais e na gestão de pessoas, tanto no nível estratégico quanto no operacional. Assim, os profissionais de RH poderão atuar estratégica e corporativamente, conforme vimos no capítulo 1.

Conclusão

O ambiente de negócios na era do conhecimento caracteriza-se por mudanças contínuas. A globalização e a rápida obsolescência do conhecimento aplicado determinam que, para continuar no mercado e prosperar, as empresas precisam buscar sistematicamente vantagens competitivas que as diferenciem da concorrência.

Na gestão de pessoas são primordiais o alinhamento ao planejamento estratégico e o sentido de unidade, de integração de todas as dimensões funcionais.

A gestão de pessoas, nesse sentido, não é exclusivamente obra de RH mas, sim, de todos os líderes e executivos de uma organização. Dessa forma, a gestão de pessoas sinaliza para uma atuação estratégica e corporativa do profissional de RH, que habilita e dá suporte para toda a organização através de seus quatro papéis — administrador de estratégias de RH, administrador da infra-estrutura da empresa, administrador da contribuição dos funcionários e administrador da transformação e da mudança —, delimitados pelos focos no cotidiano operacional, no futuro estratégico, nas pessoas e nos processos.

A base de atuação proposta para o profissional de RH é a gestão por competências. Essa filosofia de gestão impõe, necessariamente, a integração e coerência de todas as dimensões funcionais da gestão de pessoas.

A captação e a seleção de talentos realizadas a partir de um conjunto de competências previamente definidas não só favorecem a integridade da personalidade coletiva da organização, como também contribuem, preventivamente, para o bom clima organizacional e para o desenvolvimento de novas competências para a organização.

O reconhecimento e a remuneração estabelecidos estrategicamente e comprometidos com a reciprocidade entre profissionais e organizações reforçam a auto-estima de todos e viabilizam um ambiente organizacional onde as pessoas desejam estar e fazer.

Avaliações de desempenho pautadas nas competências requeridas para pessoas e grupos — com critérios claros, transparentes — favorecem o crescimento dos funcionários e o desenvolvimento organizacional.

A certificação por competências é a materialização dos estímulos ao desenvolvimento de carreira e à evolução profissional dos funcionários — orientada a partir da avaliação de desempenho — e serve de base para as ações sistemáticas e permanentes de treinamento e educação corporativa.

A educação corporativa busca alcançar todos os funcionários e, se possível, demais parceiros, na direção da aprendizagem continuada e do autodesenvolvimento. Não se trata de um simples incremento do tradicional T&D, mas sim de uma filosofia direcionada às necessidades atuais da era do conhecimento, na qual a inovação é a tônica.

A cultura organizacional é dimensão intangível a ser trabalhada permanentemente, no sentido de que o espírito empreendedor esteja presente, para promover tanto a geração de novas idéias, capazes de garantir as vantagens competitivas, quanto o desenvolvimento individual.

Bibliografia

AIDAR, M.; BRSIOLA, A. B.; MOTTA, F. C.; WOOD Jr., T. Cultura organizacional brasileira. In: WOOD Jr., T. *Mudança organizacional*. São Paulo: Atlas, 1995.

ALMEIDA, M. et al. Por que administrar estrategicamente recursos humanos? *Revista de Administração de Empresas*. São Paulo: FGV, mar./abr. 1993.

ALPERSTEDT, C. Universidades corporativas: discussão e proposta de uma definição. In: ENANPAD, 24. *Anais...* Florianópolis: Anpad, 2000.

ASSIS, M. A educação e a formação profissional na encruzilhada das velhas e novas tecnologias. In: FERRETTI, C. F. et al. *Novas tecnologias, trabalho e educação*: um debate multidisciplinar. Petrópolis: Vozes, 1994.

BECKER, G. V. O papel da gestão de pessoas em processos de fusões e aquisições de empresas. In: ENANPAD, 26. *Anais...* Salvador: Anpad, 2002.

BOMFIN, D. *Pedagogia no treinamento*. Rio de Janeiro: Qualitymark, 1998.

BOOG, G. (Org.). *Manual de treinamento e desenvolvimento*. São Paulo: McGraw-Hill do Brasil, 1980.

_____ (Org.). *Manual de treinamento e desenvolvimento*. 2. ed. São Paulo: Makron Books, 1994.

BOURDIEU, P. Proposições para o ensino do futuro. *Revista Brasileira de Estudos Pedagógicos*. Brasília, p. 166-84, jan./abr. 1988.

BRIDGES, W. *Um mundo sem empregos:* JobShift. São Paulo: Makron Books, 1995.

BUKOWITZ, W. R.; WILLIAMS, R. L. *Manual de gestão do conhecimento*. São Paulo: Bookman, 2002.

CALDAS, M. P. Santo de casa não faz milagre. In: MOTTA, F. C. P.; CALDAS, M. P. *Cultura organizacional e cultura brasileira*. São Paulo: Atlas 1997.

CÂMARA, P.; GUERRA, P.; RODRIGUES, J. *Humanato:* recursos humanos e sucesso empresarial. Lisboa: Dom Quixote, 1999.

CARVALHO, R. Q. Capacitação tecnológica, revalorização do trabalho e educação. In: FERRETTI, C. F. et al. *Novas tecnologias, trabalho e educação:* um debate multidisciplinar. Petrópolis: Vozes, 1994. p. 128-42.

CASTRO, R. P. Tecnologia, trabalho e educação. In: ENANPAD, 15. *Anais...* Anpad, 1992.

CAVALCANTI, M.; GOMES E. A nova riqueza das organizações: os capitais do conhecimento. *Revista TN Petróleo*, Rio de Janeiro, v. 3, n. 16, 2000.

CHANLAT, J. F. Quais carreiras e para qual sociedade? (I). *Revista de Administração de Empresas*, São Paulo: FGV, v. 35, n. 6, p. 67-75, nov./dez. 1995.

_____. Quais carreiras e para qual sociedade? (II). *Revista de Administração de Empresas*. São Paulo: FGV, v. 36, n. 1, p. 13-20, jan./mar. 1996.

CLONINGER, S. *Teorias da personalidade*. São Paulo: Martins Fontes, 1999.

COCCO, G.; GALVÃO, A. P.; SILVA, G. (Orgs.). *Capitalismo cognitivo*: trabalho, redes e inovação. Rio de Janeiro: DPA, 2003.

COLLINS, J.; PORRAS, J. *Feitas para durar*: práticas bem-sucedidas de empresas visionárias. Rio de Janeiro: Rocco, 1999.

COOPERS; LYBRAND. *Remuneração por habilidades e por competências*. São Paulo: Atlas, 1997.

COUTINHO, M. T. C. Organization sociale et valeurs morales dans le traffic de drogue: le cas d'une favela de Rio de Janeiro. In: BROCHIER, C. *Autre part drogue et reproducion social dans le Tiers Monde*. Paris: L' Aube, 1998.

DANTAS, C. T. *Programas de trainees como meio de introdução e formação de profissionais nas organizações*: o estudo de caso da Petrobras. 2004. 135f. Dissertação (Mestrado) — Departamento de Administração, Pontifícia Universidade Católica do Rio de Janeiro, Rio de Janeiro.

DAVEL, E.; VERGARA, S. C. (Orgs.). *Gestão com pessoas e subjetividade*. São Paulo: Atlas, 2001.

DELUIZ, N. *Globalização econômica e os desafios à formação profissional*. São Paulo: Senac, 1996. (Boletim Técnico do Senac).

DEMO, P. *Educar pela pesquisa*. São Paulo: Autores Associados, 1997.

DENGO, N. Universidades corporativas: modismo ou inovação. In: ENANPAD, 26. *Anais...* Salvador: Anpad, 2002.

DONADIO, M. *T&D total*: ensinando as empresas a aprender. Rio de Janeiro: Qualitymark, 1999.

DRUCKER, P . *Administrando em tempos de grandes mudanças*. São Paulo: Pioneira Administração e Negócios, 1995a.

_____. *Sociedade pós-capitalista*. 4. ed. São Paulo: Pioneira Administração e Negócios, 1995b.

DUNNETTE, M. D. (Org.). *Handbook of industrial and organizational psychology*. Chicago: Rand McNally College, 1976.

EBOLI, M. (Coord.). *Coletânea universidades corporativas*: educação para empresas do século XXI. São Paulo: Schmukler, 1999.

EDVINSON, L.; MALONE, M. *Capital intelectual*. São Paulo: Makron Books, 1998.

FLANNERY, T. et al. *Pessoas, desempenho e salários*: as mudanças na forma de remuneração nas empresas. São Paulo: Futura, 1997.

FLEURY, A.; FLEURY, M. T. *Estratégias empresariais e formação de competências*: um quebra-cabeça caleidoscópio da indústria brasileira. São Paulo: Atlas, 2000.

GHOSN, C. *Cidadão do mundo*. São Paulo: Girafa, 2003.

GRAMIGNA, M. R. *Modelo de competências e gestão de talentos*. São Paulo: Makron Books, 2002.

HAMEL, G.; PRAHALAD, C. K. *Competindo pelo futuro*: estratégias inovadoras para obter o controle do seu setor e criar os mercados de amanhã. Rio de Janeiro: Campus, 1995.

HANASHIRO, D. M. M., MARCONDES, R. C. A perspectiva de um sistema estratégico de recompensas para executivos: desafios e oportunidades. In: ENANPAD, 26. *Anais...* Salvador: Anpad, 2002.

HARVEY, D. *Condição pós-moderna*. São Paulo: Loyola, 1995.

HIRATA, H. Da polarização das qualificações ao modelo de competências. In: FERRETTI, C. F. et al. *Novas tecnologias, trabalho e educação*: um debate multidisciplinar. Petrópolis: Vozes, 1994. p.128-42.

JAGLA, H. H. Treinamento corporativo. In: IBAP — Seminário Nacional de Educação Corporativa, 2. *Notas dos conferencistas*. São Paulo, 1999.

JOHANN, S. L. *O modelo brasileiro de gestão organizacional*. 2. ed. São Leopoldo: Unisinos, 1998.

KIRKPATRICK, D. *Evaluating training programs:* the four levels. San Francisco: Barrett-Koehler, 1994.

KLASSON, K. *Managing knowledge for advantage:* content and collaboration technology. Cambridge: Cambridge Technology Partners, 1999.

KOTTAK, C. P. *Una exploración de la diversidad humana.* Madrid: McGraw-Hill, 1994.

LIKERT, R. *New patterns of management.* New York: McGraw-Hill, 1961.

LOOY, B. V.; DIERDONCK, R. V.; GEMMEL, P. *Services management in integrated approach.* London: Financial Times, Pitman Publishing, 1999.

LOPES, M. C. Um estudo sobre remuneração por habilidades e competências. Disponível em: <http://www2.manager.com.br/coluna/resp_coluna43.asp>. Acesso em: 12 nov. 2002.

LUCENA, M. D. S. *Avaliação de desempenho.* São Paulo: Atlas, 1995.

MACHADO, L. R. S. A educação e os desafios das novas tecnologias. In: FERRETTI, C. F. et al. *Novas tecnologias, trabalho e educação*: um debate multidisciplinar. Petrópolis: Vozes, 1994. p. 151-68.

MAGEE, D. *Turbinado — a história de Carlos Ghosn, o brasileiro que salvou a Nissan.* Rio de Janeiro: Record, 2003.

McLAGAN, P.; CHRISTO, N. *A nova era da participação:* o desafio de emocionar e envolver pessoas. Rio de Janeiro: Campus, 2000.

MEISTER, J. C. *Educação corporativa:* a gestão do capital intelectual através das universidades corporativas. São Paulo: Makron Books, 1999.

MENDONÇA, M. C. F. *Retenção de talentos por meio de reconhecimento e recompensa.* Rio de Janeiro: FGV, 2002. (Dissertação de Mestrado).

MILKOVICH, G. T.; BOUDREAU, J. W. *Administração de recursos humanos.* São Paulo: Atlas, 2000.

MORAES, R.; STAL, E. Interação empresa-universidade no Brasil. *Revista de Administração de Empresas.* São Paulo: FGV, v. 34, n. 4, p. 98-112, jul./ago. 1994.

MORGAN, G. *Imagens da organização*. São Paulo: Atlas, 1996.

MOTTA, F. C. P. & CALDAS, Miguel P. (Orgs.). *Cultura organizacional e cultura brasileira*. São Paulo: Atlas, 1997.

_____; FREITAS, M. E. *Vida psíquica e organização*. Rio de Janeiro: FGV, 2000.

MOTTA, P. R. *Transformação organizacional*: a teoria e a prática de inovar. Rio de Janeiro: Qualitymark, 1999.

NISEMBAUM, H. *A competência essencial*. São Paulo: Infinito, 2000.

NOBREGA, M. F.; FERRUCCIO M. A. Práticas de recrutamento, seleção e treinamento em empresas de desempenho superior. In: CONGRESSO COPPEAD DE ADMINISTRAÇÃO, 9. *Anais...* 2002.

NONAKA, I.; TAKEUCHI, H. *Criação de conhecimento na empresa*: como as empresas japonesas geram a dinâmica da inovação. Rio de Janeiro: Campus, 1997.

PEREIRA, C. de S. Aprendizagem, educação e trabalho na sociedade do conhecimento. *Revista de Administração Pública*. Rio de Janeiro, FGV, v. 35, n. 6, p. 107-18, nov./dez. 2001a.

_____. *Universidades corporativas transformando as estruturas de treinamento e desenvolvimento no Brasil*. Rio de Janeiro: FGV, 2001b. (Dissertação de Mestrado).

PETTIGREW, A. M. A cultura das organizações é administrável? In: FLEURY, Maria Teresa; FISCHER, Rosa Maria (Orgs.). *Cultura e poder nas organizações*. São Paulo: Atlas, 1989.

PILLA, B. S.; SAVI, N. O uso da intranet no processo de avaliação de desempenho e desenvolvimento de competências de executivos. In: ENANPAD, 26. *Anais...* Salvador: Anpad, 2002.

POLANYI, M. *Personal knowledge*: towards a post-critical philosophy. Chicago: University of Chicago Press, 1958.

_____. *Tacit dimension*. London: Routledge & Degan Paul, 1966.

RAMOS, D. R. M. *Universidades corporativas*: possibilidades e dificuldades de implantação. Estudo de casos. Rio de Janeiro: FGV, 2001. (Dissertação de Mestrado).

RIFKIN, J. *O fim dos empregos*. São Paulo: Makron Books, 1995.

ROCHA-PINTO, S. R. *A educação profissional de nível técnico à luz do modelo de competências*: uma análise comparativa da implantação de três propostas institucionais. Rio de Janeiro: PUC-Rio, 2002. (Tese de Doutorado).

SACHS, I.; WILHELM, J.; PINHEIRO, P. S. (Orgs.). *Brasil:* um século de transformações. São Paulo: Cia. das Letras, 2001.

SANT'ANNA, A. S. Competências, modernidade organizacional e satisfação no trabalho: um trabalho junto a profissionais da área de administração. In: CONGRESSO COPPEAD DE ADMINISTRAÇÃO, 9. Anais... 2002.

SAVIANI, D. A educação e os desafios das novas tecnologias. In: FERRETTI, C. F. et al. *Novas tecnologias, trabalho e educação*: um debate multidisciplinar. Petrópolis: Vozes, 1994.

SCHEIN, E. *Psicologia organizacional*. Rio de Janeiro: Prentice Hall, 1982.

SEMLER, R. *Virando a própria mesa*. São Paulo: Best Seller, 1989.

SENGE, P. *A quinta disciplina*. Arte, teoria e prática das organizações de aprendizagem. São Paulo: Best Seller, 1990.

SEYMOUR-SMITH, M. *Os 100 livros que mais influenciaram a história da humanidade:* a história do pensamento dos tempos antigos à atualidade. Rio de Janeiro: Difel, 2002.

SOUZA, V. L. *Gestão de desempenho:* julgamento ou diálogo? Rio de Janeiro: FGV, 2002.

STARKEY, K. (Org.). *Como as organizações aprendem*. São Paulo: Berkeley Brasil, 1997.

SVEIBY, K. E. *A nova riqueza das organizações:* gerenciando e avaliando patrimônio de conhecimento. Rio de Janeiro: Campus, 1998.

TACHIZAWA, T.; FERREIRA, V. C. P.; FORTUNA, A. A. M. *Gestão com pessoas:* uma abordagem aplicada às estratégias de negócios. Rio de Janeiro: FGV, 2001.

TORRES, R. M. *O que (e como) é necessário aprender?* São Paulo: Atlas, 1992.

ULRICH, D. *Os campeões de recursos humanos:* inovando para obter os melhores resultados. São Paulo: Futura, 1998a.

_____. A new mandate for human resources. *Harvard Business Review*, Jan./Feb. 1998b.

_____. *Recursos humanos estratégicos:* novas perspectivas para os profissionais de RH. São Paulo: Futura, 2000.

VERGARA, S. C. Universidade corporativa: a parceria possível entre empresa e universidade tradicional. *Revista de Administração Pública.* Rio de Janeiro: FGV, v. 34, n. 5, p. 181-8, set./out. 2000.

VIEIRA, E. *Recursos humanos:* uma abordagem interativa. São Paulo: Cedas, 1994.

VROOM, V. H. *Gestão de pessoas, não de pessoal.* Rio de Janeiro: Campus, 1997.

WELCH, J.; BYRNE, J. *Jack definitivo:* segredos do executivo do século. Rio de Janeiro: Campus, 2001.

ZARIFIAN, F. *Objetivo competência:* por uma nova lógica. São Paulo: Atlas, 2001.

Anexo
Nissan: um caso para estudo

No alvorecer do século XXI, com os EUA desempenhando a função tanto de motor econômico da globalização quanto de estandarte de uma nova guerra santa contra os muçulmanos, surpreendentemente um dos executivos de maior prestígio internacional é, justamente, de origem árabe!

Carlos Bichara Ghosn — ou simplesmente Carlos Ghosn — nasceu no Brasil, numa família de árabes maronitas cristãos e, aos seis anos, mudou-se para o Líbano. No berço da cultura árabe foi educado em colégio jesuíta, que lhe incutiu valores como liberdade de pensamento, ética, organização, disciplina e qualidade no trabalho. Além de valores sólidos, aprendeu a importância de extrair a simplicidade de questões complexas, indo ao cerne dos temas analisados. Aos 17 anos, parte para Paris e cursa a Escola Politécnica. Na Europa desfruta do cinema, da leitura, e toda a efervescência cultural do velho continente. Estuda idiomas: árabe, francês, português e inglês; conhece os EUA; gradua-se em engenharia de minas e; em seguida, obtém um título de pós-graduação equivalente a um MBA em gestão empresarial. Dos seus tempos de estudante universitário, fica-lhe a lembrança de que o ensinaram a pensar e a resolver problemas. Ao ingressar na vida profissional, essas eram as suas credenciais.

Nas três corporações onde atuou — Michelin, Renault e Nissan — Carlos Ghosn soube navegar no ambiente interno de forma admirável, construindo uma magnífica carreira. Alcançou excepcional êxito na Michelin, onde ingressou aos 24 anos, na sede em Paris. Posteriormente foi transferido para o Brasil, chegando ao posto de diretor e, em face dos resultados alcançados, foi promovido a diretor-geral da Michelin América do Norte. Consta ainda em seu currículo o mérito de ter provocado profundas mudanças numa grande corporação que anteriormente fora estatal — Renault — e, posteriormente, ter conseguido tirar do buraco uma gigantesca empresa japonesa.

Seu desempenho à frente da Nissan foi tão significativo que o tornou uma celebridade junto ao povo japonês, tendo até uma série de histórias em quadrinhos contando a sua vida com tiragens superiores a 500 mil exemplares em cada edição!

Quando Carlos Ghosn assumiu a Nissan encontrou-a em estado crítico. Em tempos idos, a produção e as vendas da empresa, no arquipélago japonês, rivalizavam com o desempenho da Toyota. Mas, em queda livre, a empresa resvalava na terceira posição, atrás da Honda. Nos últimos 10 anos, em sete deles o balanço da Nissan estivera no vermelho! Sua dívida operacional era astronômica, em torno de €20 bilhões! O aporte de capital proveniente da nova controladora Renault — €5,6 bilhões — fazia apenas cócegas no desgoverno financeiro da montadora japonesa.

Diante dessa situação, uma das primeiras providências de Carlos Ghosn foi inspecionar as fábricas e visitar os fornecedores, não só do Japão, mas também de outros países. Perguntava-lhes o que era positivo e o que deveria mudar. Ouvia idéias e sugestões, e tratava de separar o joio do trigo... Esse processo durou cerca de três meses, período em que se encontrou — de acordo com sua própria estimativa — com mais de mil pessoas. Pouco a pouco Carlos Ghosn foi forjando sua própria percepção a respeito da Nissan.

Das visitas que empreendeu, da interação que manteve com os principais executivos e com a devassa nos números da empresa, confiada a uma força-tarefa oriunda da Renault, elaborou-se um diagnóstico. Parecia inacreditável, mas a alta administração da empresa tinha aversão a números e a controles. A empresa havia sedimentado, ao longo dos anos, uma cultura que se ocupava em produzir carros, mas sem a noção muito clara se as operações eram lucrativas. O *board* da empresa não costumava trabalhar com macrobjetivos quantificados. Evidentemente, havia escalões intermediários que se ocupavam de planilhas, de projeções, de controle, de estatísticas; porém, a alta administração da empresa não tinha por hábito analisar esses números na tomada de decisão estratégica.

Em um dos levantamentos encomendados por Carlos Ghosn constatava-se que dos 43 modelos de automóveis produzidos e vendidos pela empresa, apenas quatro operavam no azul! Um dos piores casos era o do modelo March, básico de linha, detentor de uma margem negativa de 15%. E ninguém fazia nada... De certa forma, a Nissan vivia encaramujada, olhando sempre para o seu umbigo e desconsiderava as mudanças que se processavam no seu macroambiente, como se não precisasse dele para prosperar.

A empresa também praticava um modelo de gestão em que imperava a centralização de comando e a rígida hierarquia. O pessoal operacional não tinha estímulo para expressar suas opiniões. Porém, essas circunstâncias não causavam estranheza aos funcionários e sequer debilitavam seu ânimo. Afinal, a maioria das corporações japonesas também adotava um modelo autocrático de gestão organizacional. Na verdade, os funcionários da Nissan detinham um sentimento de pertencer a algo maior e, na sua vida particular, se sentiam incomodados e mesmo ofendidos caso algum familiar criticasse a empresa.

Esse diagnóstico básico — aversão a números e despreocupação com a rentabilidade — era complementado por mais três pontos preocupantes: a empresa estava distanciada dos gostos e das preferências dos consumidores (sequer trabalhava com pesquisas de mercado), as pessoas não apresentavam senso de urgência nas suas atividades e, ainda, a Nissan parecia isolada numa torre de marfim, vivendo de glórias passadas. Embora lenta nas ações junto aos consumidores potenciais, lerda nas operações em geral e mergulhada no descalabro financeiro, a companhia era arrogante, julgando-se superior aos seus principais concorrentes. Parecia que ainda estava no auge dos tempos de bonança em que seus modelos fabricados com a marca Datsun causavam furor nos mercados japonês e norte-americano. Entre os poucos sucessos que perduravam estavam o utilitário esportivo Xterra e o sedã Maxima, tecnologicamente evoluídos, com aceitação no mercado, mas ainda assim com problemas de margem/rentabilidade.

Com base nesse diagnóstico, Carlos Ghosn instituiu a sistemática de *cross-funcional teams* com a missão de analisar operações, processos, sistemas e encontrar formas de eliminar problemas nas operações da companhia e, principalmente, implementar soluções rápidas e viáveis para a redução de custos. Esses *cross-funcional teams* reuniam pessoas de subculturas organizacionais variadas, interagindo produtivamente funcionários de diferentes áreas da empresa, como por exemplo, da divisão de vendas, da área industrial e da controladoria. Cada *cross-funcional team* geralmente comportava 10 membros e dispunha de liberdade para criar novas equipes, quando necessário.

Carlos Ghosn também tinha suas próprias idéias e elaborou o Plano de Reestruturação da Nissan, apresentado ao grande público no Salão do Automóvel, em Tóquio. Os principais pontos do plano eram: suprimir milhares de postos de trabalho — em um Japão onde o emprego numa única empresa era para toda a vida —, fechamento de fábricas e desativação de bens e de investimentos não-estratégicos ou produtivos. Essa última providência significava eliminar a prática do *keiretsu*, na qual as grandes empresas japonesas trocavam ações entre si, num gigantesco movimento tipo cascata, em que umas investiam no capital das outras. A nova diretriz era fazer caixa e reduzir o endividamento. Eliminar o *keiretsu* era um desafio e tanto, pois requeria uma intervenção profunda na cultura empresarial do Japão. Claro que também existiam notícias animadoras: investimentos em *design* renovado e lançamento de novos modelos de carros mais adequados aos gostos e preferências dos consumidores. O plano repousava, portanto, sobre o binômio redução de custos e crescimento ou, para usar suas palavras, era um plano de *destruição criativa*.

Imbuído desse espírito, ele introduziu alterações na gestão de pessoas da Nissan, destacando-se a instituição da remuneração variável por resultados e a alteração na sistemática de ascensão hierárquica, que passou a obedecer a pré-requisitos de competência e de desempenho. No passado, a política salarial privilegiava os salários fixos e os bônus semestrais eram distribuídos genericamente, ao passo que as promoções se davam por antiguidade. Para viabilizar as alterações, ele negociou com Ichiro Shioji, detentor de grande poder na empresa e *big boss* dos movimentos sindicais durante um quarto de século. Após ampla análise e com o beneplácito de Ichiro Shioji os vários sindicatos envolvidos na questão finalmente apoiaram a reconversão da tabela salarial da Nissan. Os valores dos salários fixos foram reduzidos, ao mesmo tempo em que foram ampliadas as possibilidades de ganhos crescentes com a remuneração variável. O sistema de recompensas ficou subordinado ao atingimento de resultados, monitorados por critérios específicos divulgados de forma transparente. Essa providência provocou a mobilização das pessoas para atingir resultados, cientes da possibilidade concreta de colocarem mais dinheiro nos bolsos.

Convocando o RH, Carlos Ghosn solicitou a implantação de uma sistemática moderna de avaliação de desempenho, com o objetivo de premiar os novos heróis situacionais, ou seja, os empregados que se destacassem praticando os novos valores da cultura Nissan e, ao mesmo tempo, obtivessem altos resultados nas suas áreas de atuação. No fundo, a sistemática de avaliação de desempenho também tinha como objetivo servir como instrumento de expulsão da mediocridade e de redução do quadro funcional. Em três avaliações semestrais consecutivas, cerca de 20 mil empregados — de um total de aproximadamente 145 mil — foram incentivados a sair da empresa. A avaliação de desempenho tanto serviu ao objetivo de expulsão de mediocridade, quanto se colocou a serviço da premiação dos novos heróis situacionais. O processo de expulsão da mediocridade também permitiu que a Nissan lançasse um atraente programa de captação de talentos, tendo como público-alvo, jovens egressos de universidades de primeira linha.

Os desafios da empresa foram sintetizados no instigante slogan interno, intitulado Nissan 180, que rapidamente passou a ocupar espaço privilegiado nos corações e mentes de praticamente todos os empregados. Quando citado em reuniões e conversas todos sabiam do que se tratava, e passavam a se sentir desafiados pelo novo slogan cultural. O número "180" contém uma mensagem. É um código. Referia-se a três macrobjetivos da empresa, que deveriam ser alcançados em três anos. O "um" refere-se ao propósito da Nissan em acrescentar ao seu volume de vendas, mais 1 milhão de carros por ano. O "oito" expressa 8% de margem operacional. E o "zero" significa a eliminação total do endividamento da empresa. O Nissan 180 tinha prazo de validade: de 2002 a 2005. Ao se tornar uma realidade novo slogan é criado, para substituí-lo na cultura da companhia. O impacto do Nissan 180 foi fortíssimo na gestão de pessoas, pois embora a empresa dispusesse de algumas competências básicas, como gerenciamento de logística, gestão da qualidade e planejamento e controle da produção, o novo propósito estratégico demandava outras competências inexistentes — e essenciais — para a Nissan, como técnicas de negociação com fornecedores e clientes, alfabetização financeira, metodologia de análise, redução de custos industriais e assim por diante. Além disso, a atuação no ambiente globalizado continuaria requerendo competências em termos de "gerenciamento de logística", por exemplo.

Carlos Ghosn também aprofundou estudos de viabilidade tecnológico-financeira e determinou que o gerenciamento das operações de compras e suprimentos fosse contraposto a um *benchmarking* com a área da mesma natureza, na Renault. Essa medida permitiu identificar novos fornecedores e, principalmente, escancarou situações inauditas, como alguns tipos de componentes e de matérias-primas sendo vendidas à Nissan com preços superfaturados. Os empregados japoneses também foram beneficiados com esse *benchmarking*, assimilando modernas técnicas de negociação com fornecedores. As mudanças propiciaram à empresa japonesa uma economia da ordem de incríveis 20% no orçamento de compras anual. Centenas de outras medidas foram adotadas, em consonância com as sugestões apresentadas pelos componentes das equipes autogerenciadas — *cross-funcional teams*. Ao mesmo tempo em que obtinha resultados expressivos no corte de custos, a empresa era redirecionada para o mercado, investindo em *design*, com a contratação do estilista Shiro Nakamura. Na esteira dessas mudanças, a companhia desenvolveu projetos inovadores, lançou novos modelos de carros e, inclusive, construiu uma fábrica em solo norte-americano.

Os resultados positivos começaram a aparecer no sismógrafo da *última linha do balanço* da Nissan e Carlos Ghosn começou a ficar conhecido, publicamente, como um campeão de resultados alcançados. A *Time*/CNN colocou-o no topo da lista dos mais influentes executivos globais, ao passo que a *Fortune* o escolheu, em 2002, como o empresário do ano, na Ásia. No final de 2004, o Nissan 180 foi completamente atingido e Carlos Ghosn esteve no Brasil, visitando a fábrica da Renault em Curitiba. Nessa ocasião ele anunciou que havia sido promovido e que, em 2005, passaria a residir em Paris, ocupando o posto de presidente do renomado grupo empresarial francês. Como presidente corporativo, teria como responsabilidade gerir todas as empresas pertencentes ao grupo Renault, inclusive a subsidiária Nissan.

Os autores

Sandra Regina da Rocha-Pinto

Doutora em educação e mestre em administração pela PUC-Rio, e economista pela Uerj. Coordenadora acadêmica e professora do FGV Management. Consultora em estruturas e processos organizacionais e gestão de pessoas pela Sempre. Palestrante e autora de artigos publicados.

Cláudio de Souza Pereira

Mestre em gestão empresarial pela Ebape/FGV, especialista em RH pela PUC-Rio e professor de história pela Uerj. Professor do FGV Management. Consultor em educação corporativa, desenvolvimento de lideranças, gestão de pessoas e gestão do conhecimento pela Educor. Palestrante e autor de artigos publicados.

Maria Teresa Correia Coutinho

Doutora em engenharia da produção pela Coppe/UFRJ, mestre em psicologia social e personalidade pela UFRJ e psicóloga pela USU. Professora adjunta e consultora da Faculdade de Administração da UFRJ e professora do FGV Management. Consultora em RH, palestrante e autora de artigos publicados.

Sílvio Luiz Johann

Mestre em administração de empresas pela PPGA/UFRGS e administrador de empresas pela IESJT/RS. Consultor externo de diversas organizações, entre as quais a Usiminas e a OEA. Professor do FGV Management. Autor do livro *O modelo brasileiro de gestão organizacional*, publicado pela Unisinos.

Este livro foi impresso nas oficinas gráficas da Editora Vozes Ltda.,
Rua Frei Luís, 100 – Petrópolis, RJ.